日本企業経営学会20周年記念

地域産業の経営革新

中小企業の活性化と地域創生

西田 安慶
片上 洋 編著
種市 豊

Business Innovation of Regional industry

税務経理協会

はじめに

　地域経済は少子化にともなう人口減少，高齢化，生産拠点の海外移転，東京一極集中など，さまざまな困難に直面している。

　第一に，日本は2008年をピークに人口減少に転じ，これから本格的な人口減少社会に突入する。少子化にともなう人口減少は，同時進行した「長寿化」により高齢者数が増え続けることで，見かけ上隠されてきた。ところが，高齢者すら多くの地域で減少しはじめ，「人口減少」という問題が姿を現すに至った。特に地方から人口の減少が始まっている。その結果，国内市場の縮小という問題に直面することとなった。また，中小企業経営者の高齢化にともない後継者不在という事態にも直面している。

　第二に，グローバル化の波は，日本企業の生産拠点の海外移転を加速させ，それまで当該企業の工場立地で支えられてきた地域経済が，雇用の減少などにより大きな打撃を受けている。

　第三に，東京一極集中が進む今日，いかにして「地域の持続可能な発展」へ向けた新しい展開を進めるかが問われている。

　以上のような状況のもとで，地域創生への道は地域産業や産地中小企業の活性化が大きな柱となる。その推進にあたっては，地域の人々が力を合わせて地域問題に取り組むことが必要である。国家主導から自分たちの知恵で自分たちの地域社会をつくることが求められている。本書は全国各地の取り組みのなかから地域創生への道を考察し，論述する。

　本書の構成は次の通りである。

　第1章（西田安慶執筆）では，全国一の刃物産地である岐阜県刃物産地を取り上げる。まず，当産地の課題として，国内市場の縮小や経営者の高齢化による廃業など企業を取り巻く環境変化について考察する。次に，当産地の先進的企業であるKAIグループ，フェザー安全剃刀（株），三星刃物（株），義春刃物（株），長谷川刃物（株）の5社の経営革新を検証する。

第2章（丸山一芳執筆）では，創業200年を迎えた新潟県燕市の老舗企業「玉川堂」の経営革新に迫る。贈答品から日用品への主力商品の変更，女性の登用，流通機構や職人組織の改革などを分析する。

第3章（片上洋執筆）では，「会津桐下駄」が消費者にわたるまでの過程を明らかにする。その上で，会津桐を使用する職人・下駄屋が共同体を結成して，「会津桐下駄」という地域ブランドの基準を定めるべきだと提言する。

第4章（日向浩幸執筆）では，約160年の歴史を誇る山形県天童将棋駒産地における産業集積の意義について，ウェーバーやマーシャルの所説をもとに考察する。その上で，後継者の育成・確保，技術・技能の継承・改善，販路の開拓，組織活動の強化の必要性を指摘する。

第5章（清水真執筆）では，吉之友酒造（富山県）の販売戦略を考察する。その上で，単なる酒問屋への依存ではなく，共同・連携による流通チャネルの構築，さらには酒造メーカー独自の国内および海外における新たな市場開拓の必要性を指摘する。

第6章（中嶋嘉孝執筆）では，日本の農業機械市場の現状を述べた上で，中小農業機械メーカー（全国で64社）のうち岡山県の「みのる産業」と「ニッカリ」の2社を取り上げて分析する。この2社の流通チャネル構築の過程を明らかにする。

第7章（種市豊・橋本芙奈執筆）では，山口県内の養鶏3法人「秋川牧園」，「出雲ファーム」，「深川養鶏」に焦点を当てて，飼料米利用の実態と飼料米の活用について分析する。その上で，飼料米の使用が生産者を介して地域産業に貢献している点を指摘する。

第8章（成田景堯執筆）では，愛媛県柑橘産地の問題として後継者不足を，まず指摘する。その上で，全農えひめによる「愛」のみかんブランド戦略と，「乃万青果」による価格取り込み戦略を紹介する。

第9章（藪下保弘執筆）では，新潟県の農業技術の粋を結集した米の新品種「新之助」のブランド化と生産・流通について考察する。その上で，コシヒカリと並ぶ二大ブランドを目指す「新之助」の役割を指摘する。

　　　　　　　　　　　　　　　　　　　　　はじめに

　本書は,「日本企業経営学会」20周年記念事業として企画されたものである。日本企業経営学会は1996年12月の創設から今日まで，わが国における企業経営の発展に資すべく研究に取り組んできた。その成果を，地域産業や産地中小企業を研究してきた10名の会員によってまとめたものである。第1章から第5章までは製造業の経営革新を，第6章から第9章までは農業とその関連業務の経営革新を考察する。その上で，地域産業や産地中小企業の成功要因を分析し，他の地域で援用する際のヒントを提供する。読者の方々が，地域創生や中小企業経営，研究にあたって活用してくだされば編著者および著者としてこれ以上の喜びはない。

　本書の出版にあたり税務経理協会代表取締役社長大坪克行氏および同社シニア・エディター峯村英治氏のご尽力にお礼を申し上げる。また執筆にあたり，インタビューや資料提供に快く応じてくださった方々にこの場を借りて感謝の意を表したい。

　2018年7月吉日

　　　　　　　　　　　　　　　　　編著者を代表して　　西田　安慶

目　次

はじめに

第1章　岐阜県関刃物産地の経営革新
第1節　関刃物産地の生成・発展と抱える課題 …………… 3
1　関刃物産地の生成・発展 ………………………… 3
2　関刃物産地の抱える課題 ………………………… 4
第2節　関刃物産地の現状 …………………………………… 5
1　製品区分別の出荷額 ……………………………… 5
2　製品区分別の輸出額 ……………………………… 5
3　製品区分別のマーケット・シェア ……………… 6
4　関刃物産地の構造 ………………………………… 8
第3節　産地企業の展開 ……………………………………… 9
1　KAIグループ ……………………………………… 9
2　フェザー安全剃刀(あんぜんかみそり)株式会社 ………………………… 12
3　三星(みつぼし)刃物株式会社 …………………………………… 14
4　義春(よしはる)刃物株式会社 …………………………………… 17
5　長谷川刃物株式会社 ……………………………… 19
第4節　関刃物産地の経営革新と今後の対応策 …………… 21
1　産地企業のモノづくり革新 ……………………… 21
2　関刃物産地の課題と対応策 ……………………… 24

第2章　伝統産業における経営革新
－200年企業玉川堂（燕市）の事例分析－
第1節　伝統産業と玉川堂(ぎょくせんどう)の概要 ……………………………… 27
1　伝統産業を取り巻く経営環境 …………………… 27

		2	世界的評価が高い玉川堂の鎚起銅器(ついきどうき) ………………………29
		3	鎚起(ついき)という職人の技 ………………………………………29

第2節　7代目による経営革新 …………………………………32
 1　経営は殿様商売，職人は独りよがり ……………………32
 2　7代目当主玉川基行氏 ……………………………………33
 3　飛び込み営業と問屋との関係見直し ……………………33
 4　顧客の声から商品を開発・改善する ……………………35
 5　東京での直営店の開店と経営革新の見える化 …………36
 6　海外の市場開拓を見据えたコラボレーションとデザイン ………38
 7　職人・組織改革としての女性職人採用と人材育成 ………40
 8　経営者のビジョン ………………………………………42

第3節　まとめと考察 ……………………………………………43
 1　主要市場の変更と流通改革 ………………………………43
 2　職人組織の改革 …………………………………………44
 3　改革を牽引する経営者のビジョンと知識創造 ……………44

第3章　会津桐下駄産地の流通戦略
－国際的な日本ブームと健康志向の潮流のもとで－

第1節　桐下駄の製造工程と品位 ………………………………52
 1　製　造　工　程 …………………………………………52
 2　下駄の種類 ………………………………………………54
 3　品位（高級品）と材料産地ブランド ……………………56

第2節　会津地方の桐下駄づくり ………………………………57

第3節　結城と栃木の桐下駄産地 ………………………………59

第4節　会津桐下駄の地域ブランドと需要増加の戦略
   および桐，鼻緒の芯（眞縄），鼻緒の布，着物の
   地域間補完関係 ……………………………………………61

目　次

第4章　将棋駒産地の伝統と革新
　　　　　－天童将棋駒の事例－
　第1節　将棋駒産地の地域性 …………………………………65
　第2節　将棋駒産地のクラスター構造 ………………………66
　　1　将棋駒産地の産業クラスター …………………………66
　　2　天童将棋駒の製造工程 …………………………………68
　　3　天童将棋駒の競争優位 …………………………………69
　第3節　将棋駒産地のレントによるネットワーク分析 ……73
　第4節　将棋駒産地のイノベーションと成長戦略 …………75

第5章　富山県の酒造メーカーにおける販売戦略
　第1節　地域酒造メーカーの問題点 …………………………79
　第2節　富山県における清酒業界の現状 ……………………82
　　1　富山県における清酒の特徴と地域酒造メーカーの状況 ………82
　　2　富山県における杜氏の後継者問題 ……………………84
　　3　富山県における清酒の消費量に関する課題 …………85
　　4　富山県酒造組合の取り組み ……………………………85
　第3節　吉乃友酒造（有）における販売戦略 ………………87
　　1　吉乃友酒造の概要と商品特徴 …………………………87
　　2　富山県の酒造メーカーへの影響要因 …………………88
　　3　清酒の流通経路 …………………………………………90
　　4　新たな挑戦 ………………………………………………93
　第4節　ま　と　め ……………………………………………93

第6章　中小農業機械メーカーの流通チャネル
　　　　　－岡山県を中心に－
　第1節　日本の農業機械の現状 ………………………………97
　第2節　岡山県の農業と農機 …………………………………99

1　岡山県の地域特性と農業……………………………………… 99
　　2　児島湾干拓と農業機械の導入………………………………… 99
　第3節　中小農業機械メーカーのチャネル構築………………………101
　　1　流通チャネルの構築……………………………………………101
　　2　大手農業機械メーカーのチャネル構築………………………102
　　3　岡山県における中小農業機械メーカーのチャネル構築事例…105

第7章　地域産業と農業との関係性
　　　　　－飼料米生産が与える影響について－
　第1節　飼料米が求められる背景と課題………………………………113
　第2節　山口県内の農畜産業の現状と課題……………………………114
　　1　山口県内の農業の現状…………………………………………114
　　2　山口県内の畜産業の現状………………………………………115
　　3　小　　　括………………………………………………………118
　第3節　養鶏産業と飼料米との関係性…………………………………118
　　1　山口県の飼料米の生産と位置づけ……………………………118
　　2　養鶏産業における飼料米の位置づけ…………………………119
　　3　三法人の特徴のまとめ…………………………………………127
　第4節　地域農業の発展性と今後の課題………………………………128

第8章　愛媛県産柑橘の流通戦略
　第1節　愛媛県の経済の現状……………………………………………131
　　1　愛媛県の基礎データ……………………………………………131
　　2　地方創生に向けて………………………………………………132
　　3　本章の目的と対象………………………………………………133
　第2節　柑橘生産の歴史と現状…………………………………………135
　　1　戦前の柑橘の歴史………………………………………………135
　　2　戦後の柑橘の歴史………………………………………………136

     3　愛媛県柑橘の現状と問題点 ……………………………… 139
　第3節　流通戦略の範囲と主体 …………………………………… 140
　第4節　全農えひめと乃万青果による
　　　　　愛媛県産柑橘の流通戦略 ………………………………… 141
　　　1　全農えひめによる「愛」のみかんブランド戦略 ……… 142
　　　2　乃万青果による価値取り込み戦略 ……………………… 143

第9章　新潟県の新作米「新之助」の流通戦略
　第1節　「新之助」デビュー ……………………………………… 147
　　　1　幸先良い店頭デビュー …………………………………… 147
　　　2　ブランド化に向けた生産・流通体制 …………………… 148
　　　3　デザインマニュアル ……………………………………… 149
　　　4　関連商品 …………………………………………………… 150
　第2節　「新之助」投入，もうひとつの側面 …………………… 151
　　　1　作付品種の一極集中 ……………………………………… 151
　　　2　ブランド化と農家経営安定の両輪 ……………………… 154
　第3節　新作米の流通戦略と今後の展望 ………………………… 156
　　　1　新之助投入の背景 ………………………………………… 156
　　　2　今後の展望 ………………………………………………… 158

おわりに ………………………………………………………………… 163
索　　引 ………………………………………………………………… 165

日本企業経営学会20周年記念

地域産業の経営革新
— 中小企業の活性化と地域創生 —

西田安慶・片上　洋・種市　豊　編著

■ 執筆者一覧（執筆順）

西田　安慶	東海学園大学名誉教授	第1章
丸山　一芳	東海学園大学経営学部准教授	第2章
片上　洋	新潟経営大学経営情報学部教授	第3章
日向　浩幸	羽衣国際大学現代社会学部准教授	第4章
清水　真	中部大学経営情報学部教授	第5章
中嶋　嘉孝	拓殖大学商学部准教授	第6章
種市　豊	山口大学大学院創成科学研究科農学系学域准教授	第7章
橋本　芙奈	山口大学大学院創成科学研究科農学系専攻修士課程	第7章
成田　景堯	松山大学経営学部准教授	第8章
藪下　保弘	新潟経営大学観光経営学部教授	第9章

第1章　岐阜県関刃物産地の経営革新

第1節　関刃物産地の生成・発展と抱える課題

1　関刃物産地の生成・発展

　岐阜県関市は，鵜飼と清流で名高い，長良川の中流部に所在し，日本のほぼ中央に位置している。住民台帳によると，2018（平成30）年4月1日現在の人口は89,036人（男43,533人，女45,503人），世帯数は34,959世帯である。

　関刃物産地の生成・発展の過程について述べたい1)。関市の刃物の歴史は古く，いまから700年程前，鎌倉時代末期に九州の住人といわれる元重が関市に移り住み，はじめて日本刀を作ったといわれている。室町時代には孫六兼元，和泉守兼定らの有名な刀匠を生み，最盛期には300人以上の刀匠を有する刀の産地として栄えた。「折れず，曲がらず，よく切れる」という刀にとって不可欠な要素を追求してきた関の刀剣は，後に「関伝」と称されるようになった。その後，江戸時代になると刀剣の需要が減少し，一部の刀匠は包丁，小刀，ハサミなど打ち刃物鍛冶や農業用鍛冶道具（鍬，鎌など）の生産に転じた。

　1876（明治9）年に廃刀令が発布されると，刀鍛冶の殆どが実用的な家庭用刃物の生産に転向し，1888（明治21）年には福地廣右衛門によってポケットナイフの生産が始められた。1894（明治27）年には朝鮮（当時）へ刃物類が出荷され，1897（明治30）年にはカナダへポケットナイフが輸出された。1919（大正8）年には金属洋食器（スプーン，フォーク，ナイフ），1932（昭和7）年には安全カミソリの生産が始まった。

　第2次世界大戦中の当産地は軍刀生産一色につつまれるが，戦後は再び伝統技術を生かして，包丁，ポケットナイフ，ハサミ，ツメ切り，カミソリ，洋食

器，アウトドアナイフなどが作られ，国内は勿論アメリカ，東南アジア，ヨーロッパをはじめ世界各地に輸出され，当産地はドイツのゾーリンゲンと並び称される世界の刃物産地に成長した。当産地の刃物生産の特徴は多品種少量生産で，伝統技術に現代感覚を盛り込んだ数多くの新製品を生み出している点である。

昨今，当産地は国内外の経済変動，海外製品との競合など厳しい状況下にある。そのため切れ味・デザイン性など品質向上の研究や，新しい時代に適合した「エコロジー」，「ユニバーサル」，「リサイクル」を意識した新製品の開発に取り組んでいる。近年は医療用刃物などの分野にも進出している。さらに，2008（平成20）年には地域団体商標として「関の刃物」を登録し，伝統と信頼の地域ブランドを広くPRして，関刃物産地のさらなる発展を目指している。

2　関刃物産地の抱える課題

当産地の抱える課題について述べたい。

第一に，後継者不在で休廃業が増えている点である。当産地では，後継者不足から事業承継が進まない問題が深刻化している。経営者の高齢化が顕著となっており，後継者不在で仕方なく休廃業・解散しているのが現状で，事業承継は喫緊の課題となっている。

第二に，少子化による人口減少で国内市場が縮小している点である。国内市場は少子化で刃物の需要が減少しており，国内向けの生産は訪日外国人観光客向けの需要がある包丁，ツメ切り，理美容用のハサミ類を除き厳しい状況下にある。

そこで，本章はまず関刃物産地の現状を明らかにするとともに，当産地の取り組みと産地企業の経営革新を検証する。その上で，当産地の課題と対応策を考察しようとするものである。

第2節　関刃物産地の現状

　関刃物産地の現状について，2014（平成26）年の工業統計調査（平成26年12月31日現在）を基に関市が独自に集計したデータにより検証することとしたい（当データは従業者4人以上の事業所を対象としている）。

1　製品区分別の出荷額

　関市の伝統的地場産業である刃物の製造品出荷額は，約369億円で，前年の約339億円と比べると約30億円の増加（前年比＋8.9％）となっている。製品別にみると，刃物製品全体の約3分の1を占めるカミソリ・替刃は約113億円で，前年より約4億円の増加（前年比＋3.9％）であった。ツメ切りが約21億円で前年に比べ約3億円の増加（前年比＋19.2％），包丁が約79億円で前年に比べ約19億円の増加（前年比＋16.6％）となっている。一方，台所・食卓用刃物は約31億円で前年より約4億円の増加（前年比＋15.0％）となったほか，ポケットナイフは約13億円（前年比＋11.6％），ハサミは約41億円（前年比＋4.4％）出荷額が増加した[2]。

2　製品区分別の輸出額

　刃物全体の輸出額は約106億円で，前年より約10億円の増加となった。出荷額を製品別にみると，カミソリ・替刃が約35億円で前年に比べて約2億円の増加となった。それが全体に占める割合は前年から約1％減少し，32.8％となった。次いで出荷額が多かったのが包丁の約27億円で，前年より約6億円の増加となった。その次に台所・食卓用刃物が約10億円と前年並であるが全体に占める割合は約0.4％減少して9.9％となっている。輸出先でみると，北米が約56億円で全体の2分の1以上を占めている。次いでアジア，ヨーロッパ，中東と続き，構成はアジアがヨーロッパをわずかに上回るなど前年に比べて大きく伸びている[3]。

3　製品区分別のマーケット・シェア

　全国刃物類出荷額シェアを検証したい(図表1－1参照)。データは都道府県別に集計されている。そのため本節では岐阜県のデータのうち関市がどれだけを占めているかを示した。

① 包　　　丁

　　第1位は岐阜で出荷額92億7,000万円(そのうち関市76億900万円)、シェア57.5％(そのうち関市47.2％)。

　　第2位は新潟で出荷額47億9,300万円、シェア29.7％。

　　第3位は大阪で出荷額8億7,000万円、シェア5.4％。

　　第4位は福井で出荷額3億6,900万円、シェア2.3％。

　　第5位は高知で出荷額3億2,000万円シェア2.0％。

② ナイフ類

　　第1位は岐阜で出荷額25億4,400万円(そのうち関市24億6,300万円)、シェア54.9％(そのうち関市53.2％)。

　　第2位は大阪で出荷額12億7,400万円、シェア27.5％。

　　第3位は兵庫で出荷額1億400万円、シェア2.2％。

③ ハサミ(理髪用を除く)

　　第1位は岐阜で出荷額28億6,200万円(そのうち関市28億2,600万円)、シェアは28.0％(そのうち関市27.6％)。

　　第2位は大阪で出荷額22億8,700万円、シェア22.3％。

　　第3位は新潟で出荷額19億8,400万円、シェア19.4％。

　　第4位は兵庫で出荷額7億9,400万円、シェア7.8％。

④ 理髪用刃物(カミソリ、ハサミ等)

　　第1位は岐阜で出荷額125億円(そのうち関市125億円)、シェア73.6％(そのうち関市73.6％)。

　　第2位は新潟で出荷額12億6,400万円、シェア7.4％。

　　第3位は兵庫で出荷額5億7,600万円、シェア3.4％。

　　第4位は大阪で出荷額5億3,500万円、シェア3.1％。

⑤ その他の利器工匠具（ツメ切り，缶切，栓抜等）

第1位は岐阜で出荷額56億7,900万円（そのうち関市56億2,100万円），シェア60.0%（そのうち関市59.4%）。

第2位は新潟で出荷額17億7,400万円，シェア18.7%。

第3位は兵庫で出荷額14億1,600万円，シェア15.0%。

⑥ 食卓用ナイフ・フォーク・スプーン

第1位は新潟で出荷額63億7,400万円，シェア97.2%。

第2位は岐阜で出荷額8,100万円，（そのうち関市8,100万円）シェア1.2%（そのうち関市1.2%）。

以上の通り，関刃物産地のマーケット・シェアは包丁47.2%，ナイフ類53.2%，ハサミ（理髪用を除く）27.6%，理髪用刃物73.6%，その他の利器工匠具59.4%である。これらの刃物製品で，関刃物産地は全国第1位のマーケット・シェアとなっている。

図表1－1　全国刃物類出荷額シェア

単位：百万円

刃物製品 都道府県	包丁		ナイフ類		ハサミ （理髪用を除く）		理髪用刃物 （カミソリ・ハサミ等）		その他の利器工匠具 （ツメ切り・缶切・栓抜等）		食卓用ナイフ・フォーク・スプーン	
	出荷額	シェア(%)	出荷額	シェア(%)	出荷額	シェア(%)	出荷額	シェア(%)	出荷額	シェア(%)	出荷額	シェア(%)
岐阜 (うち関市)	9,270 (7,609)	57.5 (47.2)	2,544 (2,463)	54.9 (53.2)	2,862 (2,826)	28.0 (27.6)	12,500 (12,500)	73.6 (73.6)	5,679 (5,621)	60.0 (59.4)	81 (81)	1.2 (1.2)
新潟	4,793	29.7	-	-	1,984	19.4	1,264	7.4	1,774	18.7	6,374	97.2
大阪	870	5.4	1,274	27.5	2,287	22.3	535	3.1	135	1.4		-
兵庫	250	1.6	104	2.2	794	7.8	576	3.4	1,416	15.0	-	-
福井	369	2.3	-	-	-	-	-	-	-	-	-	-
高知	320	2.0	-	-	-	-	-	-	-	-	-	-
長崎	24	0.1	-	-	-	-	-	-	-	-	-	-
埼玉	-	-	-	-	143	1.4	-	-	106	1.1	-	-
東京	-	-	-	-	-	-	257	1.5	-	-	-	-
その他	226	1.4	712	15.4	2,159	21.1	1,867	11.0	356	3.8	101	1.6
合計	16,122	100.0	4,634	100.0	10,229	100.0	16,999	100.0	9,466	100.0	6,556	100.0

（注）　出荷額には製造工程から出たくず・廃物の収入は含まない。
出所：平成26年工業統計調査（従業者4人以上の事業者対象）を基に筆者作成。

4　関刃物産地の構造

　関刃物産地は多くの部品等製造業者，工程加工業者により社会的分業体制を構築している。日本刀がその製造工程において刀匠や研師・鞘師・白銀師・柄巻師・塗師などの職人による分業体制により造られることと似ている。

　関市の刃物関係事業数調査によれば，関の刃物メーカーは約100社あり，小規模な刃物製造事業所の約40事業所を含め，多くのメーカーや製造事業所は，自社工場で一貫生産をせずに外注に依存している。工程加工業者は約210事業所あり，プレス・熱処理・メッキ・研磨・刃付け・仕組など，それぞれの工程によって分業している。このうち研磨や刃付けは約140事業所，仕組み等の加工は約30事業所ある。そのほとんどが従業者3人以下の家内工業的な事業所である。ほかにも木柄やプラスチック柄などの刃物関連の部品等製造業者は約50事業所（紙器業やリベット業を含む）あり，刃物関連全体では約400事業所である。この数値は関市内製造業の全事業所の約3分の1を占めている（図表2参照）[4]。

　関刃物産地の伝統的な構造は，前述の通りである。しかしながら近年，工程の内製化を進めている企業もある。工程加工業者や部品製造業者は小規模な業者が多く，職人の高齢化や後継者不足により廃業する業者が増えているからである。

　本調査は2012（平成24）年に行われたものであるが，岐阜県刃物産業連合会によると2015（平成27）年では，工程加工業者は約200事業所となり，約10事業所が減少し，部品製造業者は約40事業所となり，約10事業所が減少している。

図表1-2 関刃物産地の社会的分業体制

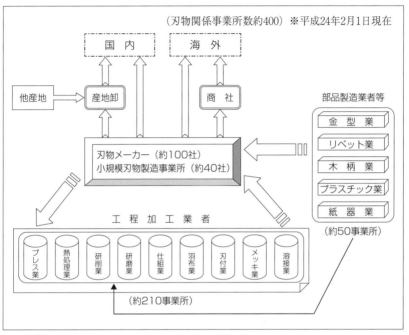

出所:『平成29年度関市の工業』岐阜県関市,P.13。

第3節　産地企業の展開

1　KAIグループ

(1) 沿　革

　貝印は1908(明治41)年に創業した。初代・故遠藤斉治朗氏が,刃鍛冶から家庭用刃物に転向した職人が多くいた関市で,ポケットナイフの製造を始めたのである。1920(大正9)年に合資会社遠藤刃物製作所を設立し,ポケットナイフの生産体制を拡充し,関で屈指のメーカーに成長を遂げた。1932(昭和7)年には,安全カミソリの替刃製造を開始した。神戸でカミソリ刃をつくっていたドイツ人から製造装置を購入し,関安全剃刀製造合資会社を設立した。

1936（昭和11）年に，関安全剃刀製造合資会社を解散し日本セーフティレザー株式会社を設立したが，1940（昭和15）年同社の商号を日本安全剃刀株式会社に改称した。

　1947（昭和22）年には，第二次大戦後の混乱から立ち直り，再スタートを切った。2代目・故遠藤斉治朗氏が名古屋市に株式会社フェザー商会を設立し，カミソリ・刃物などの卸売業を始めたのである。1949（昭和24）年には合資会社三和商会を東京に設立した。1951（昭和26）年，三和プレート制作所を設立し，貝印軽便カミソリの製造を開始した。1954（昭和29）年，株式会社フェザー商会と合資会社三和商会を合併し，株式会社三和（1967年に三和刃物株式会社と改称）を設立した。

　1971（昭和46）年，遠藤刃物株式会社を設立し，包丁の生産を開始した。1973（昭和48）年には，三和刃物株式会社でハサミの生産を開始した。1972（昭和47）年，初の海外現地法人Kai cutlery U. S. A ltdを米国ポートランド（オレゴン州）に設立し，海外での事業展開を本格化させていく。

　1982（昭和57）年に，三和刃物株式会社の商号を貝印刃物株式会社と改称し，1984（昭和59）年に入って医療用メスの製造を開始した。

　主たる組織の立ち上げと改編は以上の通りであるが，それらを経て新たなコーポレートマークと社名で1988（昭和63）年，製造と販売が一体となったKAIグループが誕生した。中核となるのは販売会社の貝印と，生産会社のカイインダストリーズ（1992年に貝印カミソリ工場，三和刃物工業，遠藤刃物製作所など6社を合併して設立）である。

　以上，1908（明治41）年から1988（昭和63）年KAIグループが誕生するまでの経緯について述べた。

(2) **事業内容**

　現在，KAIグループは販売会社の貝印株式会社と生産会社のカイインダストリーズ株式会社を中核企業に19社で構成している。カミソリや包丁，医療用器具，調理用品など幅広く扱い，扱う商品は約1万アイテムにのぼる。よく知

られているのはカミソリで，国内トップクラスのシェアを誇っている。薄くて精巧な刃を作れる企業は限られている。貝印のカミソリ刃を担うカイインダストリーズ株式会社の小屋名(おやな)工場（関市）では，月に約7千万枚を生産する。しかし近年は，「多枚刃競争」など各社の競争は激しい。そこで，比重を増しているのが医療用の刃物である。外科用メスなどを生産し，現在では売り上げはカミソリ刃に次いでいる。多様な形状や機能が求められる医療用刃物生産を支えるのは，カミソリで培った高度な刃先の加工技術である。米国，ドイツ，フランス，中国，韓国，ベトナム，インドにも拠点を持ち，海外展開にも積極的である。

　貝印株式会社の売上高は254億円（2017年3月期），従業員は357（男171，女186）名である。カイインダストリーズ株式会社の売上高は157億円（2017年3月期），従業員は670（男312，女358）名である。

(3) 企業メッセージと企業理念
① 企業メッセージ

　　かつて野鍛冶は，集落ごとに炉と床を構え，顧客の体格や要望に合わせて，品質の高い刃物を手がけていた。KAIの仕事の根底には，顧客にあわせて，品質の高い刃物を職人たちが心を込めてひとつひとつ作っていく，野鍛冶の精神が根づいている。KAIの願いは，「さわやかなあじわいのある日々をお客様とともに」である。

② 企業理念
　　a．顧客のよろこび，社員のほこり，社会のしあわせ
　　b．パートナーとともに学びつづける企業

(4) 今後の展開
　KAIグループの今後の展開について述べたい。同グループで生産を担当するカイインダストリーズ株式会社は，2019年春までに本社工場を再構築する。工場棟を建て替え，改装し，各工場棟の生産品目を整理する。カミソリの刃や

医療用器具の増産対応を可能にするほか，生産効率の向上を図る。建設や改装の投資額は28億円である。設備は需要動向をみて10年間で20億円を投じる見込みである。国内工場の建設は20年ぶりで，マザー工場の本社工場を再構築し，工程の内製化を進めることで競争力を高めることを狙っている。

またKAIグループは，全社統合型のサプライチェーン管理システムを2018年8月に稼働する。国内外を問わず同グループの全拠点を結び，全商品の販売計画から生産，調達，購買，物流などすべての部門を一気通貫で管理する。販売計画に合わせて一括管理することで，生産や在庫などの無駄をなくし，全社が市場動向に即座に対応できる体制を整える。総投資額は10億円を予定している。

同グループは約1万点の商品を扱っており，工程数は約千にのぼる。新システムでは販売計画を入力すると，すべての工程で必要な原材料の発注量や生産量，輸送の手配などの情報を自動で計算して出すことができる。これにより販売部門以外は独自で計画する必要がなくなって作業負担を軽減できる。そのため最適量を生産できて，欠品や過剰在庫をなくすことが可能となる。

2 フェザー安全剃刀株式会社

(1) 沿革

当社の創業は，1932（昭和7）年である。永年に亘って関市で刃物の研磨を積みかさね，遠藤刃物製作所を経営していた故遠藤斉治朗氏が安全カミソリ替刃の将来性に着眼し，同じ関市出身で大阪において輸出入共に全国一を誇る刃物専門問屋・小阪商店を経営していた故小阪利雄氏と相携えて，関安全剃刀製造合資会社を設立した。

初代社長には故小阪利雄氏が就任した。創業当時の安全カミソリの製造機械は，ドイツ人2人が本国から取り寄せ操業していたものを，廃業に伴い購入した。1936（昭和11）年には，羽根でなでるようなそり心地という意味を込めて「フェザー」という商品名をつけた。同年，関安全剃刀製造合資会社を解散し，日本セーフティレザー株式会社を設立したが，1940（昭和15）年，同社の商号

を日本安全剃刀株式会社に改称した。

1953（昭和28）年，日本安全剃刀株式会社をフェザー安全剃刀株式会社に社名変更し，今日に至っている。

(2) 事業内容

当社は替刃メーカーとして，日本国内はもちろん，世界中のユーザーに満足を届けている。そのラインアップは，次の通りである。

① 安全カミソリ替刃，ホルダー，プレシェーブ剤
② 女性用シェービング製品
③ 装粧刃物（ツメ切り等）
④ 理容・美容業務用替刃，ホルダー，替刃式ハサミ
⑤ ホテル業務用刃物
⑥ 産業用刃物
⑦ 医療用刃物（外科手術用替刃メス等）
⑧ 病理用刃物（ミクロトーム替刃等）

(3) 主要拠点の業務

当社は本社の所在地は大阪市であるが，生産に関わる拠点は岐阜県の関市と美濃市にある。

① 関工場

　関工場は一般消費者用，理容・美容業務用，産業用刃物などの製品生産拠点として，自社開発の超精密研削刃付機，熱処理ラインなどを完備している。刃先の全数検査をはじめ，各工程で製品の品質管理データの集計も行い，常に現場にフィードバックしながら，「世界品質」を維持している。

② 美濃工場

　美濃工場では，外科用替刃メス，眼科用マイクロメス，耳鼻咽喉科用替刃などの手術用をはじめ，病理解剖用の替刃ミクロトーム，生態工学用のバイオカットなど，幅広い製品群をラインアップしている。医療用，病理

用，生態工学用など，多品種にわたるメディカル用製品を製造する当工場は，クリーンルームを完備している。特殊洗浄処理をはじめ，自動機による完全密封包装，何段階にもわたる品質検査を実施し，さらに特殊工程でガンマ線により滅菌処理をしている。これらの製品は，医療機関に求められる厳格な国際品質規格をクリアして，世界トップシェアを誇る各種医療機器製品を供給している。

③　総合研究所（岐阜県関市）

当研究所では，ミクロレベルの超精密刃物研削技術をはじめ，分析・加工技術，薄膜形成技術の開発を行っている。すなわち刃物基礎研究から新製品の開発までを対象としている。また，生産ライン設備の企画開発に取り組み，当社工場の生産設備・機械のほとんどを独自の技術で設計している。最新の市場動向やニーズをキャッチし，情報の分析・検証を行い，商品開発に活かす情報基地の役割も担っている。

当社の前期（2017年3月期）売上高は，約90億円である。そのうち，医療用刃物・病理用刃物が約50％を占めている。従業員数は，約480（男240，女240）名である。

3　三星刃物株式会社

(1) 沿　革

当社は1873（明治6）年に，関市で創業した。現社長渡邉隆久氏の曽祖父が刀鍛冶から生活用の刃物屋に転業したのが始まりである。その後，1912（大正元）年に現社長の祖父が東南アジアに向けて販売を始めた。1935（昭和10）年に合名会社渡辺善吉商店を設立し，1947（昭和22）年には三星刃物株式会社に改組し，今日に至っている。

第二次世界大戦後はいち早く海外に狙いを定め，良質のナイフなどを米国で販売した。他社ブランドの受託生産専門で刃物輸出の最大手に成長した。しかし，1985（昭和60）年のプラザ合意後の円高で経営環境は一変した。そのため中国への工場移転を進めコストの削減を図った。

(2) 事業内容

　生産品目は，①ポケットナイフ（アウトドア用），②包丁，③スパチュラ（ケーキにつけるクリームを伸ばす器具），④スプーン，フォークである。これらの生産品の約95％は，外国の他社ブランドの生産（OEM）である。前期売上高（2017年3月期）は約20億円（そのうち新潟県燕支店が約8億円）である。販売先のメインは海外で全体の約70％，残りの約30％が国内販売である。海外の販売先のうち約70％がアメリカ向けである。販売商品は包丁と食器類，ナイフがメインとなっている。従業員は35名（パート5名を含む）である。そのうち燕支店の従業員は8名（パート2名を含む）となっている。

(3) 新商品の開発

　2010年，初の自社ブランドの包丁開発の方針を打ち出した。中級品では中国に歯が立たないので，質の高い新商品を開発することを渡邉社長は決断した。その契機となったのは，パン教室を開く妻に「使いやすい包丁が欲しいのに，なぜ自社製品がないのか」と言われたことだという。そこで，本当の料理好きが欲しがる包丁を作ることとしたのである。

　使いやすい持ち手の形や重さに徹底的にこだわり，モニター調査を続けた。そして，2015（平成27）年に「和NAGOMI」シリーズを発売した。1万円前後の価格であるが，有名ホテルでも使われているという。現在，注文から2か月待ちの人気となっている。また，関市のふるさと納税の返礼品として受注しているが，6か月待ちとなっている。

　そこで，和NAGOMIのコンセプト「和NAGOMIすてきな空間を料理します」を整理しておきたい。

① 家庭にあって素敵で料理が楽しくなる包丁

　　和NAGOMIブランドは新しいライフスタイル，料理を通じて人々の間に笑顔が生まれるように，社員一同が願いをこめて三星刃物の新しいブランドとして誕生した。美しいフォルムのハンドルは手に馴染み易い形状で和NAGOMIモダンをテーマにデザインされている。そのハンドルと刃先

はひとつひとつ職人の手によって仕上げられ，切れ味も抜群である。そして，どんなタイプのキッチンに置いても美しく調和が取れる。包丁を使うことが楽しくなり，料理を通じて家庭や大切な人との間に「なごみ」が生まれる。そんな願いが込められている。

② 包丁が未来を切り開く

包丁はこれまで危ないもの，緑を切るものといわれていたが，和NAGOMIは，未来を切り開くものであると当社は考えている。包丁は決して緑を切るものではなく，「人に贈りたいモノ」である。

③ 新聞紙で切れ味を取り戻す

刃には単に硬さばかりを追求せず，あえて適度な硬度と靭性のバランスに優れる440モリブデン鋼を使用している。そのため家庭で簡単に研ぐことができ，いつでも素晴らしい切れ味を維持できる。和NAGOMIは砥石だけでなく，新聞紙・紙ヤスリで研ぐだけで簡単に切れ味が戻る。一生，愛情を持って使い続けていただきたいとの思いが込められている。

(4) 和NAGOMIの製造工程

製造工程は次の通りである。

①プレス（抜き）→②熱処理（焼入れ）→③研磨→④ハンドル成形
→⑤組立→⑥ハンドルを磨き上げる→⑦刃つけ

以上の製造工程のうち①，②，③，④は関刃物産地の各専門業者に委託して製造している。⑤，⑥，⑦の工程は細分すると18工程であるが，これらの工程は当社の職人の手によって行われ，完成品となる。つまり，和NAGOMIは社会的分業体制の下で造られており関刃物産地の伝統的な生産体制を引き継いでいる。

第1章　岐阜県関刃物産地の経営革新

写真　「和 NAGOMI」(包丁)

品名・サイズ(包丁)・用途

スライサー[217mm]
　肉類や野菜，刺身などをスライスするのに便利な一品です。

牛刃[205mm]
　塊肉や大きめの野菜をまるごと切るのに適しています。

三徳[180mm]
　野菜，肉，魚などあらゆる素材を切るのに適した万能包丁です。

ペティ[155mm]
　小さなまな板の上でも使えて，果物や野菜などを切るのに便利です。

パーラー[180mm]
　果物，野菜の皮むきに最適です。手のひらに持って使います。

提供：三星刃物株式会社。

4　義春(よしはる)刃物株式会社

(1) 沿　　革

　当社のルーツは1847（弘化4）年，京都で日本刀の鍛冶を始めた時にさかのぼる。先々代（現社長の祖父）は日本刀の製造や宮大工をしていたが，1934（昭和9）年関市に移住した。先代（現社長の父）は，宮大工が欄間を掘るための道具や提灯，和傘づくりのための小刀をつくっていた。戦時中（1941年～1945年）は材料不足に陥り教育用彫刻刀の生産を始めた。2010（平成22）年，現社長田中健児氏が就任した。

(2) 事業内容

　当社の主力商品は彫刻刀である。ブランドとして，「マルイチ彫刻刀」，「よしはる彫刻刀」，「よしはる三友彫刻刀」がある。
　マルイチ彫刻刀は学童用彫刻刀である。刃は全鋼製で，JIS規格にもとづいた一級品のみを使用し，均一な硬度とねばりをもっている。刃付けは注水刃付け法で，ムラのない最高の切れ味をもっている。刃と柄の接合部は，深めにしっかりと打込んであるので，安心して使える。

よしはる彫刻刀（付鋼製）は図工・美術教材用，趣味の版画・彫刻用である。刃は高級つけはがね製（二層鋼）で，全鋼のものよりはるかによく切れる。木柄（銘木：ブビンガ材）で使いやすく，よごれにくい。刃付けは最高ですばらしい切れ味をもっている。刃と柄の接合部は高級クロム仕上げの金具でしめてあり，その上，しっかり打ち込んであるので，使用中に柄が割れたりすることはない。

　よしはる三友彫刻刀は専門家用である。刃物鋼の中でもきわめて高品質な高タングステンクロム鋼を使用している。切れ味は折り紙付である。

　現在，彫刻刀（5本組み）を年間60万セットから70万セット生産している。

　その他，①切り出しナイフ，②カッター（ダンボール，発砲スチロール対応），③工作用ハサミ（学童用ハサミ），④剣先ハサミ（最高級ステンレス使用），⑤和洋裁用ハサミ，⑥キャップ付ハサミ（確かな安全性に，さらなる機能性をプラス），⑦シュレッダーハサミ（個人情報を細かく処理），⑧ミート・ソフター（肉の筋切器）などを生産している。これらのうちハサミは企画・設計を当社で行い，中国で生産，日本で販売している。

　前期（2017年7月期）の売上高は約4億円で，従業員（役員を含む）は42名である。彫刻刀の輸出は，中国・韓国へは当社が行い，台湾・タイ・香港へ向けては商社を通して行っている。

(3) **新商品の開発**

　当社の特色は学童用の切れ味の良い彫刻刀を主力商品としている点である。しかし今後，少子化が進み教材用刃物の売上減少が見込まれる。そのため彫刻刀を他の用途に使えないか，という点に着目して開発した商品が，ミート・ソフター（MEAT SOFTER）である。その特徴は，以下の5点である。

　①ミート・ソフターは肉の隠し包丁といってもよく，牛肉・豚肉・鶏肉等あらゆる固い食肉のセンイやスジをカットし，肉をやわらかく食べやすくする。②料理の際，火の通りがよく，味がよくしみる。③刃先は，両側のガイドピンで支えられ，下まで突き抜けないので，刃先をいためずに隠し刃を入れること

ができる。④刃先が逆U字型になっているので，肉筋を確実にとらえ，カットできる。⑤従来の商品はプロテクターを取りはずせないため，洗浄手入れが困難で非衛生的であったが，本品はこの欠点を解消した。プロテクターを取りはずしてその内面を洗うことができる。

本商品は当社から卸問屋，東急ハンズ，一般小売店への販売のほかインターネットでも販売している。近年，海外への展開を目指しクラウドファンディングで募ったところ，45か国の約330人から約1万ドルの申し込みがあり，効果を上げている。

さらに，現在「シャインカービング」を開発中である。これは，黒いビニールの板を下絵に沿って掘っていくと，ステンドグラスのような絵が浮かび上がるというホビー商品である。

5　長谷川刃物株式会社

(1) 沿革

当社は1933（昭和8）年，先々代（現社長の祖父）が関で創業して刃物の研磨加工を始めた老舗刃物メーカーである。長谷川尚彦氏が三代目で，2011（平成23）年，代表取締役社長に就任し，現在に至っている。

(2) 事業内容

当社の生産品目はハサミ（布切り，工作用など）約80％，ツメ切り約10％，カッターナイフ約10％である。2018年4月1日現在の従業員は30名（パート10名を含む）である。ハサミ・カッターナイフを輸出している。米国へは商社を通して，韓国・タイへは現地ディストリビューターを通して輸出している。

(3) 新商品の開発

当社の主な新商品は次の通りである。
① ハサミのスニップシリーズ（アームレスラーストレート，アームレスラーストレートロング，ボンドフリーPROなど）

本商品は刃厚のあるブレードに力が入りやすいストレートハンドルで，一般のハサミでは切れなかった金属やロープを容易にカットできる。切断能力が高く工具箱に入れておけば，様々なシーンで役に立つ。国産ハイカーボンステンレス鋼を採用し，高い焼き入れ硬度を得ることに成功した。これにより鋭利で，すばらしい切れ味を実現した。

② 握力サポート開閉補助バネ付ハサミ

　本商品はハンドルの間にバネがついており，手の間にはさめば開く動作を補助する機能のついたハサミである。開発の動機は，顧客である福祉作業所を視察したとき，握力が３kgほどしかない作業者が，ハサミを開くのに手間取っていたことである。もっと使いやすいハサミを作れないか，と考えすぐに開発に取りかかった。そして，握りやすく厚めのグリップを採用し，内側に開くバネをつけたハサミを考案したのである。このハサミは，手の不自由な人や握力の弱い人にとって使いやすい。

③ ネイルプラス（nail clippers）

　商品名は「Nail＋」である。本体はABS樹脂，刃部は炭素鋼，ヤスリ部はステンレス刃物鋼からなっている。製品サイズはW76×D45×H38mm，製品重量は80ｇである。握りやすく安定したフォルムのツメ切りで，いろいろな握り方ができる。ハサミ製造で培った技術を活かしたツメ切りで鋭い刃，軽いタッチが特徴である。

④ シートベルトカッター

　シートベルトカッターは，台風による水害のため扉が開かなくなって車内に取り残されたり，交通事故によりシートベルトがはずれなくなって火災に巻き込まれたりしたときに使用するものである。当社は安心・安全に使用できるようJIS規格試験を独自に実施して，１秒もかかることなくシートベルトを切断できるカッターを考案した。

⑤ トマトの葉カッター（農業用のこぎり）

　植物の芽・葉・茎などをカットするカッターである。ナイフ形式のためカットした断面がきれいで，植物の感染症予防に適している。フッ素コー

ティングにより水分の付着を防ぎ，なめらかな切断を持続することができる。サイズは全長150mm，刃渡りは75mmである。材質はブレードがステンレス鋼，ハンドルがポリプロピレン樹脂である。

第4節　関刃物産地の経営革新と今後の対応策

1　産地企業のモノづくり革新

第3節で取り上げた5社のモノづくり革新について検証することとしたい。

(1) KAIグループ

当グループの主力商品はカミソリで，国内トップクラスのシェアを誇っている。薄くて精巧な刃を作ることができる企業は限られている。「さわやかなあじわいのある日々をお客さまとともに……」を企業メッセージとして，安全性や使い心地に配慮した，人にやさしいものづくりを推進している。

企業理念は，「顧客のよろこび，社員のほこり，社会のしあわせ」，「パートナーとともに学びつづける企業」である。この理念の下で人々の暮らしを豊かにするよう社員一同，活動している。

近年比重を増しているのが，外科用など医療用の刃物である。多様な形状や機能が求められる医療用刃物生産を支えるのは，カミソリで培った高度な刃先の加工技術である。

当グループでは創業以来，品質にこだわる姿勢を貫いている。常に，開発から生産，販売，物流のすべてにわたってイノベーションを重ねている。1988年にISO 9001を取得し，現在は自社マネジメントシステムとして運用している。

また，コンピュータ管理による一貫生産ラインから品質管理に至るまで，すべての工程に先端の技術・設備を導入し，FA化を追求している。2018年8月からは全社統合型のサプライチェーン管理システムを導入する。全商品の販売計画から生産，調達，購買，物流などすべての部門を一気通貫で管理し，全社が市場動向に即座に対応できる体制を整える。

(2) フェザー安全剃刀

　当社は替刃メーカーとして，世界中のユーザーに高い満足を届けている。男性用・女性用カミソリのほか，理容・美容業界の替刃式製品でもトップシェアを誇っている。関工場では，これらの製品を製造するため自社で開発した超精密研削刀付機，熱処理ラインなどを完備している。各工程で製品の管理データを集計し，現場にフィードバックしている。

　美濃工場では外科用替刃メス，スカルペル，眼科用マイクロメス，耳鼻咽喉科用替刃など医療用品を製造している。クリーンルームを完備しており，特殊洗浄処理をしている。また，自動機による完全密封包装，何階段にもわたる厳しい品質検査を実施している。これらの製品は，医療機器に求められる厳格な国際品質規格をクリアし，世界トップシェアを誇る医療機器製品を世に出している。

　当社の特色は総合研究所とフェザーミュージアム（刃物総合博物館）をもっている点である。

　総合研究所では，刃物の基礎研究から新製品の開発までを行っている。また生産ライン，設備の企画・開発に取り組み，当社工場の生産設備・機械のほとんどを独自の技術で設計している。フェザーミュージアムは，カミソリと精密刃物を展示する世界初の刃物の総合博物館である。当館に当社の経営理念がかかげられている。

① PRODUCTS……「人々の命と健康を守り，人生に潤いを与える美容への奉仕を目的に。」

② Razor & Beauty Care……「毎日の身だしなみに欠かせない製品を提供。日々の美容に貢献できる製品を創り続ける。」

③ Medical……「世界の医療を支える……。人々の健康に更なる貢献ができる企業であり続ける。」

(3) 三星刃物

　渡邉隆久社長は，「日本列島の中心部に位置する岐阜県関の地から日本国内

各地へ，さらには世界各地への販売戦略を構築し，新しいライフスタイルや，料理を通して人々の間に笑顔が浮かびますようにとの願いを込め，弊社社員一同，もの作りに勤しんでいます」と述べている。これが当社社員全員の思いである。

　当社は，他社ブランドの受託専門であったが，2010年，初めての自社ブランドの包丁開発の方針を打ち出した。そして2015年，包丁の和NAGOMIブランドを発売した。当ブランドは新しいライフスタイル，料理を通して人々の間に笑顔が生まれるように，社員一同が願いを込めて三星刃物の新しいブランドとして誕生した。この新商品の開発が，当社の存続・発展の起爆剤となっている。

(4) 義春刃物

　当社の強みは，「彫刻刀」という特色ある分野で不動の地位を固めている点である。ブランドとしてマルイチ彫刻刀（学童用），よしはる彫刻刀（図工・美術教材用，趣味の版画・彫刻用），よしはる三友彫刻刀（専門家用）があり，あらゆるニーズに応えて芸術，文化の向上に貢献している。

　さらに，新しく開発したのが肉の筋切器「ミート・ソフター」である。鋭い彫刻刀で筋を切ることで肉を簡単にやわらかくすることができる。

(5) 長谷川刃物

　当社はハサミを主力商品として，顧客の問題解決のため，さまざまなニーズに応える商品を開発している。その代表的商品は，「ハサミのスニップシリーズ」，「握力開閉補助バネ付ハサミ」，「ネイルプラス（nail clippers）」，「シートベルトカッター」である。他にも，すべりやすく切りにくい布地用ハサミや，ダンボール開封用の異物混入の心配がなく，中身を傷つけない刃物などを開発している。

　当社の強みはアイディア商品によって，顧客の問題解決に役立っている点である。市場はそれほど大きくないが，他社との差別化によって存在感を高めている。

2 関刃物産地の課題と対応策

　関刃物産地の課題と対応策を，リーディンカンパニー5社などの事例を基に考察することとしたい。

　第一に，戦略的な経営理念を確立することの必要性である。時代の変化を敏感に察知し，新たな目標像を立てて，それが実現するよう組み立てる戦略的思考が必要となる。それは日常の経営行動に反映されなければならない。

　第二に，後継者不足で事業承継が進まない問題への対応策である。事業承継を円滑に進めるには，経営者の意識改革が必要である。後継者がいなければM&A（合併・買収）か廃業のどちらかを選択することになる。一般的に体力が限界に達したところで会社をたたむケースが多いが，M&Aへの理解を深める必要がある。これからの10年が廃業問題の正念場である。自分の会社を売るのはプライドが許さないかもしれないが，その決断は尊い。企業を存続させることで，大切な社員の雇用を守ることができる。廃業よりM&Aで，雇用と事業を守る道を選ぶべきである。

　第三に，生産システムの整備の必要性である。当産地は地域内分業により匠の技を活用して良い製品を作ってきた。今後は内製化に向けて，伝統の技とハイテクノロジーの融合による技術革新を進めるべきである。

　第四に，変革を常態と考える意識の持続である。新商品の開発やサプライチェーンシステムの合理化などを日常的に追求し，経営の変革を行っていかなければならない。

　第五に，海外市場の販路開拓を進めて，活路を見出していかなければならない。少子化による人口減で国内市場が縮小しつつあるからである。

　以上，5つの課題に真正面から取り組み，関刃物産地がゾーリンゲン（ドイツ），シェフィールド（イギリス）と並んで，世界三大刃物産地の地位を守り，地域経済の発展に貢献することを願うものである。

謝　辞

本章の執筆に当たっては次の方々から貴重な情報を頂いた。記して感謝の意を表したい。

・山藤　　茂氏（岐阜県関刃物産業連合会事務局長）
・波多野裕也氏（関市産業経済部商工課）
・齊藤　大樹氏（関市産業経済部商工課）
・辻　　宏介氏（カイインダストリーズ株式会社常務取締役）
・粥川　茂市氏（フェザーミュージアム事務局）
・渡邉　隆久氏（三星刃物株式会社代表取締役社長）
・田中　健児氏（義春刃物株式会社代表取締役社長）
・長谷川尚彦氏（長谷川刃物株式会社代表取締役社長）

（注）
1) 『平成29年度関市の工業』岐阜県関市，p.2。
2) データは『平成29年度関市の工業』岐阜県関市，pp.4-7。
3) データは岐阜県輸出関係調査（4人以上の事業所を対象）。
4) 『平成29年度関市の工業』岐阜県関市，p.13。

（参考文献・資料）
(1) 『平成29年度関市の工業』岐阜県関市，2018年。
(2) 『経済日報vol.54』十六銀行総合研究所，2018年1月。
(3) 西田安慶・片上洋編著『地域産業の振興と経済発展』三学出版，2014年。
(4) 西田安慶・片上洋編著『地域産業の経営戦略』税務経理協会，2016年。
(5) 松岡憲司編著『事業承継と地域産業の発展』新評論，2015年。
(6) 山﨑朗・杉浦勝章・山本匡毅・豆本一茂・田村大樹・岡部遊志『地域政策』中央経済社，2016年。
(7) 工業経営研究学会編『変革期のモノづくり革新』中央経済社，2017年。
(8) 帝国データバンク編『地域を支える企業』日経BP社，2018年。
(9) 田中道雄・白石善章・佐々木利廣編著『中小企業経営の構図』税務経理協会，2002年。
(10) 坂本光司＆法政大学大学院　坂本光司研究室『日本のいい会社』ミネルヴァ書房，2017年。
(11) 牧瀬稔編著『地域ブランドとしてシティプロモーション』東京法令出版，2018年。
(12) 近藤清人『強い地元企業をつくる』学芸出版社，2018年。

(13)　忽那憲治・山田幸三編著『地域創生イノベーション』中央経済社，2016年。
(14)　近野治夫『なぜ今中小企業なのか』かまくら春秋社，2015年。
(15)　関市教育委員会編『新修関市史—刃物産業編—』関市，1999年。
(16)　フェザー安全剃刀社史編集委員会編『フェザー安全剃刀70年史』フェザー安全剃刀株式会社，2003年。

第2章　伝統産業における経営革新
－200年企業玉川堂（燕市）の事例分析－

第1節　伝統産業と玉川堂（ぎょくせんどう）の概要

1　伝統産業を取り巻く経営環境

　経営学において議論するための伝統産業に関する明確な定義は存在していない。しかし、経済産業省では伝統的工芸品という呼称で要件を定め、その振興については法律が定められている。そこで、本章ではこの伝統的工芸品を扱う企業を論じることをもって伝統産業における経営革新を議論したい。

　昭和40年代の日本では、高度経済成長を謳歌する一方で、公害や自然破壊が大きく問題化し、過密都市や機械文明の行き過ぎへの見直しに関する議論が盛んに行われていた。こういった時代背景のもと伝統的なものや職人の技などへの再評価の機運がみられるようになった。また、当時の伝統産業の従事者においては、原材料の入手が困難となったり、後継者が不足したりするなど物的にも人的にもその継承基盤において危機的状況があった。そのことは地域産業の技術的な基盤や、地域経済への大きな影響が懸念されていた。

　このような背景から、「伝統的工芸品産業の振興に関する法律」（伝産法）が1974年（昭和49年）に制定され、国による振興が開始されている。そこでは、経済産業大臣によって下記の要件に該当するものを伝統的工芸品として指定するものとされている。

　一　主として日常生活の用に供されるものであること。
　二　その製造過程の主要部分が手工業的であること。
　三　伝統的な技術又は技法により製造されるものであること。
　四　伝統的に使用されてきた原材料が主たる原材料として用いられ、製造されるものであること。

五 一定の地域において少なくない数の者がその製造を行い，又はその製造に従事しているものであること。

この伝産法の背景からもわかるように伝統的工芸品を取り巻く経営環境は厳しい状況が続いている。図表2－1のように昭和50年代をピークとし，そこから約4分の1まで減少している生産額は長期的に停滞している。2013年（平成25年）の生産額は約1,051億円である。

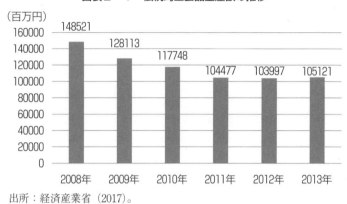

図表2－1　伝統的工芸品生産額の推移

出所：経済産業省（2017）。

同じく企業数も従事者数も減少傾向に歯止めがかかっていない。

このような伝統的工芸品は現在225品目が指定されている[1]が，要件として技術・技法・原材料などにおいて100年以上の歴史を必要とするため，一朝一夕には生み出すことができない。まさに，わが国の貴重なる文化，資源であるにも関わらず，このように経営環境は非常に厳しいといえる。その原因は経済産業省（2011）によれば，①需要の低迷，②量産化の困難，③人材，後継者の不足，④生産基盤である原材料，生産用具などの減衰・深刻化，⑤生活者のライフスタイル・価値観の変化と情報不足の5つに求められている。

しかし，この伝統的工芸品を扱う企業において技術・技能の伝統を守り継承しながらも，類まれなる経営革新によって新しい製品やデザイン，あるいは新しい経営手法や市場を生み出している企業もその数は少なくはない。そうした

第2章 伝統産業における経営革新－200年企業玉川堂（燕市）の事例分析－

企業を研究することで地域の伝統産業・文化などを守ることや，新たな付加価値の追求についてその可能性や方法論を議論できるようになる。この章では，新潟県燕市における玉川堂の経営革新を事例にそのことを議論していく[2]。

2　世界的評価が高い玉川堂の鎚起銅器(ついきどうき)

モエヘネシー・ルイヴィトングループ（LVMH）といえば60を超える世界の高級ブランドを傘下におさめた企業グループである。説明の必要もないフランスの高級革製バッグなどで著名なルイ・ヴィトンを中心的ブランドとしている。このグループに所属しシャンパンの分野で世界の帝王とも呼ばれるブランドがKRUGである。KRUGのシャンパンをフランスあるいは日本の高級レストランやバーでオーダーすると銅製のシャンパンクーラーに冷やされて供されることがある。このクーラーを製造しているのが，2016年（平成28年）に創業200年を迎えた新潟県燕市の老舗企業「玉川堂」なのである。玉川堂の「鎚起銅器」と呼ばれる伝統技術が醸し出す茶器や皿などの美に高い尊崇の念を抱きKRUGの方から共同開発のオファーを行ったという。KRUGの6代目オリヴィエ・クリュッグ氏と玉川堂の7代目玉川基行氏が出会うと，2人は互いの技術や伝統，文化に関する考えにおいて強く共感しあったという。

また，玉川堂ではロシア向けをはじめとした海外市場へも盛んに輸出を行っており，60万円を超えるやかんが茶道愛好家などに売れているという。

このように世界的なブランドなどからも高い評価を得ている[3] 銅器の伝統的工芸品を製作，販売しているのが本章で論じる玉川堂である。

3　鎚起(ついき)という職人の技

鎚起銅器とは，銅を職人が金鎚で打ち起こしながら器を作り上げていく「鎚起」によってつくり上げる銅器のことである。この鎚起銅器の製作にはさまざまな道具を使用しており，たとえばやかんを製作するためには数十種類の鳥口(とりぐち)と呼ばれる鉄棒や金鎚を使用する。

われわれは職人が銅を叩くという製作過程について，銅の塊を叩くことで薄

29

く引き延ばしていくプロセスを想像するがそうではない。職人は叩きながらむしろ縮めていく。縮めることで銅の厚みを増していくのである。一度叩くと銅は硬くなるため，製作途中においては火炉の中に銅器を入れ柔らかくしながら成形していく。

　縮めるのも丸めるのも職人の長年の経験によって培った技や勘が基盤となる。そういった「暗黙知」[4]を頼りに製作を行うので，寸法もデザインも設計もすべて職人の頭の中にのみ存在しているという。また玉川堂は，唯一無二であるという4代目による独自開発の着色技術を有している。この技術によって独特の紺や銀の美しい色を出すことが可能となる。

　こういった技術については，1816年（文化13年）という江戸時代後期にまでそのルーツをさかのぼることができる。当時の仙台の渡り職人が燕に鎚起銅器という技法を伝えたといわれ，玉川覚兵衛によって受け継がれた。この玉川覚兵衛が玉川堂初代当主であり，現在で7代目当主となり200年を超える歴史となっているのである。技術の伝来のほかにこの燕において銅器の製造が発展した背景には，近郊である弥彦山から良質な銅が産出されたこともあるという。

　このように玉川堂は，1枚の銅板を1人の職人がいくつもの道具を駆使して叩くことで成形していき，独自調合の薬品による銅の酸化という技法で着色して，やかんや鍋，あるいはワイングラスやコーヒーポットといった銅器製品を完成させるという，世界でただ1つの企業なのであり，この鎚起銅器は経済産業省より1981年（昭和56年）に伝統的工芸品として指定されている。また，2010年（平成22年）には木目金（もくめがね）技術の第一人者，6代目玉川政男氏の実弟である玉川宣夫氏[5]が重要無形文化財保持者（人間国宝）に認定されている。

　燕市の玉川堂本店を訪問すると，少人数であれば誰でも予約なしでその鍛金場と呼ばれる工場を見学することができる。10時，11時，13時，14時，15時の1日5回受け入れている。登録有形文化財に登録されている趣ある雁木（がんぎ）に面した玄関を入ると美しい庭と店舗の奥にその工場がある。工場には畳が敷かれており，10数名の職人が各々木槌や金槌で銅を打っている姿がある。そして，約200種類の金槌と約300種類の鳥口と呼ばれる道具が並んでいる。鳥口とは銅器

第2章　伝統産業における経営革新－200年企業玉川堂（燕市）の事例分析－

を引っ掛ける鉄棒で，明治時代に玉川堂が名付けた製作道具である。この鳥口も職人の手づくりで，器の形状によって使い分ける。例えば，やかんを製作するには銅板を金槌で叩く際に鳥口を20から30ほど取り換えながら打っていくという。職人たちは大きな音を立てて銅を打つため耳栓をしながら作業に没頭している。そこで熟練の職人が1枚の銅板を打ち続けることでやかんになる工程を実際の銅板が変化していくサンプルを提示しながら職人の技を説明してくれるのである。

　工場の熟練職人である細野氏によればやかんの寸法は決まっているが，その図面は無いとのことである。長年の経験に裏打ちされた頭の中のイメージに従い，感覚的に造作していくという。また分業体制ではなく，1人の職人によってやかんができあがる最後まで責任をもって銅板をたたき続ける。しかし，同じ図面を共有しているわけではないにも関わらず，誰が製作しても同じ大きさ，同じ形のやかんに仕上がるという。職人が全ての技術を習得するには，個人差はあるが20年から30年程度かかるという。やかんからお湯を注ぐその口の部分まで含めて1枚の銅板を叩くことで継ぎ目の無いやかんになるという過程を説明されると，一様に感動を覚えるものである。鎚起銅器職人の技が貴重なものであることや，その技そのものの美しさ，習得の困難さ，苦労を垣間見ることができる。こうした一連の体験が「経験価値」[6]となり，この銅器の価格やブランドイメージに大きな説得力が生まれるのである。

　玉川堂では約30年前からこの見学を受け入れしていると社内の記録にはある。そして近年，急激に見学者が増えているという。年間700名程度の見学であったものが現在は約6,000名にものぼるという。これは，2013年（平成25年）から燕・三条地域の主な工場が，普段は見学することのできない町工場を一斉に開放するイベントである「燕三条　工場の祭典」を開催しはじめたこととも大きく関係している。玉川堂はこのイベントに参画しているだけでなく，実行委員長を派遣するなど積極的に取り組んでおり，この地域全体を産業観光[7]によって国際的に盛り上げようと考えているのだ。

31

第2節　7代目による経営革新

1　経営は殿様商売，職人は独りよがり

　玉川堂の200年強にわたる経営においてはさまざまな顧客が存在したという。明治期には，人口が国内一でもあった，かつての新潟県にはいわゆる旦那衆とでも呼ぶべき人々がおり，玉川堂の最高級品を必ず買ってくれる顧客数名が常に存在していた。売上高が高かったのは昭和40年代で，1975年（昭和50年）にピークを迎えたという。まさに伝統的工芸品の生産額のピークと一致する。当時の玉川堂は売上の大半を企業による贈答用の製品に頼っており，新潟県内の主要企業のほぼ全てを顧客としていた。たとえば，現在でも新潟県内主要企業の新任経理責任者に就任すると，地元の銀行から玉川堂の鎚起銅器をプレゼントされるという話がある。また永年勤続の記念品や，定年退職記念品として玉川堂の手作りの銅製額縁，皿などを従業員にプレゼントしていた企業は多かったようである。ほかにも国鉄がJRへと民営化されたのは1987年（昭和62年）であるが，これに際して国鉄ではたくさんの退職者が出ている。このとき玉川堂は約3,000名分の退職記念品を国鉄から受注している。まさに，「つくれば売れる」というこの時の状況を7代目当主の玉川基行氏は，「いかにうまく小口の仕事を断るのかが当時の営業の仕事でした。まさに，殿様商売だったといえるでしょう。当時の伝統工芸の仕事とは当社に限らず多くの場合においてそのような状況もあったのだと思います」と語っている。

　職人もその技術を思う存分に発揮できる大きなサイズの商品を好んで製作していたという。いかに技を発揮して自らの思いを形にすることができるのかが職人の誇りでもあった。しかし贈答用の商品であるために，身銭を切って買ったその人が愛着をもってその銅器を使い続けるわけではなかった。したがって，玉川堂からの購入者とその商品の使用者は別の人であることが多かったし，貴重な記念品として飾られたままであったり，箱の中にしまったままであったりということが多かったのである。他の伝統的工芸品もそうであることが多いよ

うに，商品を日常において使用する立場のエンドユーザーからの声がフィードバックされにくい状況にあったのである。「商品開発において職人の独りよがりという部分があったのは否めません。その時代にはそれでよかった部分もたくさんありましたが」と7代目当主の玉川基行氏は振り返っている。

しかし，後述するようにこのような殿様商売と独りよがりの製作という幸せな状況はその後も続いたわけではなかった。

2　7代目当主玉川基行氏

1995年（平成7年）に6代目当主で父の玉川政男氏の要請で玉川基行氏は玉川堂に入社する。基行氏が入社したころの玉川堂は，バブル経済が崩壊して売上高の8割を占めた新潟県内企業向けの贈答用商品の受注が激減していた。ピーク時のおよそ3分の1まで売上高が減っていた玉川堂は，窮地に立たされていたと言っていい。事実，この時期には職人の人員削減をも行っている。基行氏は先行きの不透明で危機的な状況の歴史ある家業を継ぐという重圧の中で入社したのである。こういった状況で父である6代目からは，7代目基行氏にたいして営業における売上拡大に強く期待された。

たとえば6代目は社内会議にあえて出席をしないという形式をとるほどに，7代目当主の基行氏に権限を与えて経営改革を担わせたという。その基行氏がほぼ無給で最初に取り組んだのは流通改革である。

3　飛び込み営業と問屋との関係見直し

それまでの玉川堂は企業向けの贈答品ではない個人顧客向けの商品においては，2つの問屋を介して商品を流通させていた。たとえば百貨店の高島屋には，地元の問屋と百貨店問屋を経由して卸していたわけであるが，そもそも安いものではない鎚起銅器という伝統的工芸品が，百貨店の店頭においては1.5倍ほどの値段となっていた。この高価格はバブル崩壊後の冷え込んだ市場においては販売のネックとなる部分であった。さらに，「実際のお客様の声が聞こえにくいという状況を何とかしたかったのです」と基行氏が述べているように，問

屋を通している分だけ実際に購入している顧客の顔は見えづらく遠い存在となっていたことは，職人の独りよがりを許す原因となっていたのである。

　企業向けの贈答品に頼った商品構成による経営が難しくなっていた状況で，玉川氏は個人顧客向けの実用的な日用品に活路を求めた。それは玉川堂にとっては原点回帰ともいうべきことであり，創業当初に主力商品であった，「やかんや鍋」といった商品を重視していく商品戦略をとったのである。このような日用品は，使う人が自らのお金で自ら店頭で買うのが普通であり，企業向けの置物や額などの飾ることを想定した贈答品とは異なるニーズを有している。したがって顧客の顔を見て顧客の声を聞き，使い勝手のよい製品や使用シーンなどについて詳しく知る必要があった。

　基行氏は日本橋の三越へと営業にいった。それは事前のアポイントのあるものではなく，まさに飛び込み営業であったという。問屋を通してではあったが，高島屋で販売の実績があることをアピールして三越との直接取引に持ち込んで，問屋の取り分である中間マージンの削減と顧客の声を直に聞くことができる販売体制の構築が目的であった。すると三越からは，「1週間という期間に売り場を貸し出すので実演販売をして売上実績をつくってください」という返答をもらえたのである。基行氏は，燕から職人を呼びよせて三越の売り場に立った。

　しかし，職人は全員が実演販売に反対であった。「父の代では問屋との取引を止めることや，実演販売を行うことは不可能であったと思います。問屋との関係も，職人の誇りも大切なものだからです。しかし，当時の私はとても若かったのです。そういったことには無頓着で，とにかくお客様の声を聞くべきだと思っていました。それ以外にあの危機的な状況を打開できる方法は無いと思っていました」と基行氏は振り返っている。職人たちが反対しているので，当初，基行氏は叔父と2人で百貨店をまわり実演販売を行った。しかし職人が自ら顧客と会話をするということははじめてであったし，どのように説明し，顧客に接してよいのかなどはわからなかったので，とても不安であったという。商品の陳列や説明の仕方など一から考える必要があり，そのことが後の販売方法の変革にとても参考となった。実際に実演販売を行ってみると顧客の方から

第2章　伝統産業における経営革新－200年企業玉川堂（燕市）の事例分析－

声をかけられるという場面が多く，その声かけから助けられたことが多かったという。

　売り場では，鎚起銅器を実際に職人が製作する環境を整えて，「ドーン，ドーン」と金槌を銅に打ちつける音を鳴らしながら製作過程を見ることができるようにした。その職人の技によって一品ずつ丁寧に製作される様子や，銅の塊が手技によってやかんへと変わっていく様子は見学することでこそ感動がもたらされる。また職人から製品について説明されると，職人の銅器にかける思いが伝わり，よく売れたという。さらには百貨店の売り場担当者から，「職人さんの朴訥とした語りには，わたしたちの営業トークには絶対に真似のできない素朴さと真実味がある」とも言われたという。この飛び込み営業，実演販売を契機に玉川堂はかつての経営は殿様商売，職人は独りよがりという状況から大きな変革がはじまったのである。

4　顧客の声から商品を開発・改善する

　百貨店での実演販売によって大きな成果を収め，玉川堂の流通経路は大きく変わった。はじめは反対していた職人も徐々に協力するようになった。むしろ職人も，今までは会ったことのなかった首都圏の古くからの顧客との交流が可能になったり，直に褒められたりすることや，商品に関する提案やデザインに関する要望を聞くことでモティベーションが高くなっていった。最終的には，毎週のように職人を全国各地の百貨店へ派遣して実演販売会を行い，顧客の声をダイレクトに反映させる流通へ移行し，基行氏入社の翌年である1996年（平成8年）には百貨店と玉川堂の間の2つの問屋を経由しない体制が確立した。

　実演販売を通じて顧客と直に接してみると，例えば急須はお茶がつまることが多いなどの声を聞くことができた。これは日用品においての貴重なユーザーのクレームであった。贈答品として会社から永年勤続などの祝いの品として贈る額縁などを販売する際には，けっして，使い勝手や使用のシーンを考える必要はないが，日用品においてはその使い勝手がとても重要となってくる。このことをきっかけに，玉川堂では全国のいろいろな茶葉を入れてみて，急須の網

の部分を毎年改良していった。現在も改良を続けており，すでにほとんど全国の茶葉で詰まることのない急須とすることができている。こういった改良は顧客との直接のコミュニケーションによってはじめて生まれたもので，問屋経由ではここまでの声を聞くことはなかったのである。

　日用品における商品ラインナップの充実ということでは，新潟が酒どころであり，熱伝道の良さから冷たいものと銅器の相性も良いということで，ぐい呑とカップという酒器の商品も，基行氏の代から製造を開始した。「玉川堂はこんな小さなものをつくるべきではない。もっと大きな鎚起銅器の作品で高額なものをつくるべきだ」という職人の意見が大勢を占めたのだが，玉川堂の鎚起銅器をまだもっていないユーザーにとっては，デザイン性が高く，手ごろな価格であるために，入り口の商品として位置づけて販売するべきだと製造を開始したのだ。これを百貨店で販売してみたところ顧客から思わぬ反応があった。陶器やガラスの酒器に比べて鎚起銅器で飲む日本酒はまろやかになるというものだった。実際に玉川堂でさまざまな材料の酒器と飲み比べてみると味がまろやかになることがわかった。これは銅イオンの効果であると今はわかっている。ほかにも，アイスコーヒーもまろやかになるという反応も得られた。毎日使っている銅器のこのような効果があることについて，職人も基行氏も気づいていなかったのである。新製品を開発することや，それを市場に投入する際に直に顧客と接することでさまざまな効果があることを組織的に学習したのである。

5　東京での直営店の開店と経営革新の見える化

　問屋との関係見直しや，職人による実演販売の成功を受けて，玉川堂では職人がデザイン，製造，販売するということを分業せずに，1人の人間が担当することを理想として考えるようになった。自らの感性に従い，自ら顧客と対話しながら銅を打つのである。このことで鎚起銅器製作における自らの思いを率直に顧客に伝えることができるし，また顧客の反応を直に得ることもできる。より仕事に責任や愛着をもつことができ，モチベーションが高まると考えたのである。

第2章　伝統産業における経営革新－200年企業玉川堂（燕市）の事例分析－

　そのための場として，開業200周年という節目も見据え，東京の青山に2014年（平成26年）に直営店舗を開業した。これも大きな流通改革の一環である。企業向け贈答用記念品を主力とし，百貨店には問屋経由で日用品を販売してきた玉川堂が，個人顧客の日用品を主力に転換し，百貨店に問屋を経由せずに販売するに留まらず，燕市の本店以外の地で自らの店舗で販売することに乗り出したのである。青山店は，かつて約80の古美術店が軒を連ねたことや，東洋古美術を所蔵する根津美術館に近いことから骨董通りと呼ばれている場所にある。茶道具を多く取り扱う玉川堂が出店するにあたり，骨董通りであれば街を歩く人々は美術品や骨董品愛好家が多く，またそういった趣味の外国人も多いことから相応しい場所であると判断したのである。玉川堂の伝統的な模様である槌目をモチーフにしながらもモダンなデザインの店舗として独特の雰囲気を醸し出している。

　この青山出店と200周年に合わせて，玉川堂のコーポレートスローガンと新ロゴマークを制定している。スローガンは，「打つ。時を打つ」とした。この言葉をもって玉川堂の魅力を表現しているという。たとえば30回から40回金槌で叩くことで1つの槌目ができる。そして時には，10万回叩くことで1つの商品が仕上がる。この職人が丹精込めて叩く時と，その商品を手にとった顧客が一生ものとも，親子などの世代を超えて使用できるともいわれる鎚起銅器を使用する時を打つということの双方を表現している。すなわち，職人と顧客の時間や空間をこえたシーンの共有を象徴するスローガンである。一般的な工業製品は，顧客が開封した瞬間をピークにその製品は劣化していく。しかし，玉川堂の店舗には明治や昭和初期製作の鎚起銅器が置かれ，訪問した顧客のお茶出しなどに普通に使用されている。それは，100年を超えて使用される中で，銅器があめ色になり愛用される中で独特の風合いが醸し出されている。このように，顧客が使用する中で商品がさらに変化していくという特性が銅器にはあるために，「赤ちゃんの状態で商品をお客様にお渡しする」という表現が玉川堂では用いられる。職人が自分の打った銅器を自分で販売することでその時が共有されるという流通改革を表現しているスローガンなのである。

ロゴマークは，明治時代に玉川堂で開発された代表的なデザインである，「大鎚目（おおつちめ）」と呼ばれる金槌を何度も打ち付けることで浮かび上がらせる模様をモチーフとして，形は日の丸と家紋を表現している。漢字の玉川堂は外国人には識別ができないことを考慮し，海外市場を強く意識したデザインとなっている。コーポレートスローガンの見える化をも意図している。

　さらに，2017年（平成29年）には東京直営の２号店として銀座店を出店した。場所は，かつて松坂屋銀座店のあった場所にGINZA SIXとしてＪフロントリテイリング[8]・森ビル・住友商事・L Real Estate[9]の４社が開業した富裕層向けモールの４階である。この店舗のデザインが革新的であり，鎚起銅器の素材である銅板で店舗全体を包み込むデザインの内装となっている。その銅板には玉川堂の基行氏を含む21名の職人が１つ１つ鎚目を打ちほどこしている。この店舗全体が銅器のようであり，今後の経年変化も注目されている。これら一連の施策は単なるビジュアル・アイデンティティの確立に留まらず，先行していた流通経路の圧縮や贈答品から日用品への市場の変更，職人組織の改革など玉川堂の経営革新を見える化した象徴的な位置づけであるといえる。

　燕市本店，青山店，銀座店と３つの直営店を構える現在は，「自分たちで作った製品を，自分たちのお店で，自分たちが丁寧に販売する」をモットーに，百貨店での実演販売会をも廃止して直営店での売上比率を高める流通改革を進展させている。

6　海外の市場開拓を見据えたコラボレーションとデザイン

　海外市場開拓は2003年（平成15年）から開始している。パリとフランクフルトの国際見本市に毎年出店し，そこで知り合った信頼のおけるバイヤーとの取引をしている。リビングや家具の見本市は欧州が１番大きいからである。特に，モスクワ，上海，北京，ソウルでの販売額が大きく，2013年（平成25年）頃より軌道に乗り始めた。たとえばモスクワ向けはお茶に関する商品が多く，やかん，急須，茶筒がよく出るという。海外全般ではワイン関連のクーラーやワイングラスなどとサービングプレートに人気がある。

第2章　伝統産業における経営革新－200年企業玉川堂（燕市）の事例分析－

　総売上高に占める輸出額は現在20％台まで来ている。また，国内の燕市本店，青山店，銀座店での販売も半数が外国人による売上となっており海外市場は玉川堂にとって今や重要な地位を占めている。しかし，信頼のおけるバイヤーや販売店を見つけて取引をしていくというのは非常に難しい。安易な販売数量だけを求めた取引では，ブランドや価格を維持することができない。市場によっては転売が続いて価格の管理ができなかったり，商品に責任がもてなかったりという現実があるのだ。

　海外市場を見据えたデザインのアピールとして，アートピースも青山店開業にあわせて製作販売された。それは金属加工産地である燕・三条地域において磨き屋シンジケート10)　など企業6社で協業したワインクーラー「MOON」である。銅とステンレスの融合商品で鏡面のある作品である。この地域でしか製造できない最高の技術を集めた商品として海外にアピールする記念製品である。

写真　玉川堂青山店の内装とワインクーラー「MOON」

出所：玉川堂資料。

自動車のマツダとは2015年（平成27年）にイタリアで開催された国際家具見本市ミラノサローネでコラボレーションしている。マツダがそのデザインコンセプトとして「魂動―Soul of Motion」を打ち出しており，玉川堂とのコラボレーションによってアートピースとして「魂銅器」を発表したのである。欧州市場で独自のブランドイメージを築いているマツダとの共同発表によって海外市場へのアピールをしているのである。

　玉川堂では現在，デザインに関して2つの考えを有している。1つは，個人が購入する日用品に関するもので，まさに用の美と呼ぶべきものである。徹底的に機能性を高めていくことで必然的に美しいデザインになるという考え方である。急須であれば持ちやすい，お茶が液だれしないというようなところを極めると美しくなるという考え方だ。これを顧客と職人が直接対話することによって極めていこうというものである。もう1つは魅せるデザインで，節目にアートピースのような位置づけの作品を発表することである。KRUG向けのワインボトルが着物を着るイメージのシャンパンクーラーや，燕・三条地域6社との協業で製作したワインクーラー「MOON」，さらにはマツダとの「魂銅器」といった外部企業やデザイナーとのコラボレーションで伝統的工芸品のイメージからかけ離れた革新的でその姿勢を象徴するようなデザインを打ち出すというものである。

　このアートピースが海外市場や若年層に鎚起銅器の新たな可能性をアピールし，新しいブランドイメージをつくりあげていくという戦略である。

7　職人・組織改革としての女性職人採用と人材育成

　職人組織は，基行氏が入社した1995年（平成7年）に人員削減を行っているため，年代では40代，50代の職人が少なく，55歳以上と20代，30代の職人が多いという労務構成になっている。現在職人は21名である[11]。全国の伝統的工芸品においてその傾向が顕著であるように，玉川堂でも女性職人が増えている。数年前までは，15名から20名程度の職人希望の応募者だったが，2017年（平成29年）には約60名もの応募者がいたという。そのなかで，この数年はほとんど

第２章　伝統産業における経営革新－200年企業玉川堂（燕市）の事例分析－

の応募者が女性である。2010年（平成22年）に最初の女性職人を採用するまで男性職場であった玉川堂であるが，今では顧客の過半数が女性であるために，作り手も女性の感性をいかしたいという採用方針をとっている。金槌の反動をつかって叩くために女性なので職人として腕力が足りないということはないという。現在女性職人は７名となった[12]。地元で小学生の時に玉川堂の社会科見学をし，専門学校でデザインを学び鎚起銅器職人を志した女性や，関東から美大を出て入社する女性など全国から女性職人として入社を希望する人が増えている。

　2015年（平成27年）のドイツフランクフルトでの見本市には，３人の女性職人に出展の企画を任せている。鎚起銅器であることと女性の目線で考えることだけを条件として自由に企画をさせた。女性職人は，これまでの玉川堂が販売してきた富裕層の日本家屋やその床の間に映えるデザインではなく，自分がほしいと思えるデザインや，１人暮らしの女性がアパートの部屋でも使えるような「かわいい」デザインを目指したという。その結果，両手の中におさまるようなサイズ感の丸い一輪挿しである「フラワーボール」が試行錯誤の末に誕生した。銅イオンで花が長持ちするという特性もいかしている。口の部分を星形などの凝った形状とし，花を生けなくともインテリアになるデザインとした。さらに，色と形を変えた３種類を用意し，購入者が３つ集めたくなることを目指した。これは，継続的な職人と顧客の関係性構築をも目論んだものである。その結果，これまでの玉川堂とはかなり趣を異にする商品としてヒットとなったのである。

　職人のこうした感性を重視した基行氏は，デッサン教室を開いて月に２回のデザイン研修を行っている。これはデザイン力を養うためではなく，デッサンそのものを習うものである。デッサンの目的はうまい絵を描くことではなく，ものを見る目を養うためだという。よいものを見る目を養うことで，ほかの分野の商品を見ても，美術品を見ても，自分のものづくりや商品デザインに大きく影響することを意図している。

　また５時半以降あるいは休日には工場を職人が自由に使えるように開放して

いる。鎚起銅器の製作は金槌を叩く大きな音が出ることや，たくさんの鳥口等の工具を必要とすることから，どこでもできるわけではない。したがって，個人的な作品作りにも工場は貴重な場となる。職人が思い思いの技術を研鑽したり，自らの理想とするデザインを追及したりと，5時半からは仕事とは別の世界で自由に活動ができる環境を用意しているのである。

8　経営者のビジョン

　伝統的工芸品を製造・販売する玉川堂であるが，この「伝統」という言葉に基行氏はこだわっている。技術や技能を長年にわたり引き継いでいくことは容易なことではない。しかし単に引き継いでいくという行為だけでは「伝統」と呼んではいけないと基行氏は考えている。単に引き継ぐだけのことを「伝承」と位置付け，技術や技能を大変地道な努力によって「伝承」する中にもさらに「革新」をも織り込み続けなければ真の「伝統」とはなりえないというビジョンを発信して，玉川堂全体に革新を求めているのである。

　この革新の中にはこれからの職人像についてもビジョンが示されている。「これからの職人には『一人前』と呼ばれるために熟練技だけではなく，さらにコミュニケーション能力が必要であると玉川堂では考えております。職人が国内外のお客様と触れ合う環境を創出していくことで，より付加価値の高い製品が生まれると考えているからです」と述べているのである。

　さらに，壮大なビジョンとして発信していることには，燕・三条地域を国際産業観光都市へと発展させ，直営店を燕市本店に集約し，本店売上を100％にしていくというものがある。玉川堂15年計画として基行氏が60歳になる2030年に新潟県燕市の本店でのみ鎚起銅器を販売することを究極の理想としている。この15年計画を実現するには，燕・三条地域全体の工場を観光資源とし，国際産業観光都市へと発展させる必要がある。事実，この地域で行われているオープンファクトリーのイベントである「燕三条　工場の祭典」[13]ではその実行委員長を玉川堂番頭の山田立氏が2度つとめている。

第2章　伝統産業における経営革新－200年企業玉川堂（燕市）の事例分析－

第3節　まとめと考察

1　主要市場の変更と流通改革

　ここまでに見てきた通り，玉川堂は7代目基行氏の入社から大きな経営革新を試みてきている。主要な市場としてきた企業の贈答用市場では，退職記念品や永年勤続表彰の記念品など鎚起銅器による額縁や大皿といった，使用するというよりは飾ることを目的とした大きな商品が求められた。この市場はいわゆるB2Bの市場であった。すなわち，鎚起銅器の購入者と使用者が異なるという性格があり，使用者の声が玉川堂にフィードバックされることはほとんどなかった。さらには，あまり実際に使用されるということも少なかったと思われる。しかし，この市場は景気に大きく左右される市場であり，企業の業績不振があると，その製品の品質や価値とは関係なく市場が縮小してしまう。事実，玉川堂はバブル崩壊後に経営危機に陥っている。

　基行氏は，入社後すぐに市場をいわゆるB2Cに変更し，日用品市場へとシフトすることを試みた。日用品は購入者と使用者が同一であることは当然であり，身銭を切って使い勝手のよいものを使用する。もちろん伝統的工芸品である以上は，ある一定以上の価格となるために，非日常的な雰囲気をもたらすような職人の技を感じさせつつも，単に伝統的なデザインだけではない現代の感覚にマッチした価値あるものも求められる。この課題を克服するためには，作り手である職人と使用者である顧客の距離を縮め，しっかりと顧客の声を聞いていく必要がある。さらには不況下でも購入可能な価格へと中間マージンを削減する必要がある。このために基行氏は，玉川堂と百貨店の間に存在した2つの問屋との関係を解消して，飛び込み営業などの努力により百貨店直接取引を断行した。ここで，職人たちによる当初の反対にもめげずに実演販売を開始した。燕の職人と全国各地のコアな富裕層の顧客による対話は，用の美を追求する価値や商品の改善，新商品・新デザインというアイデアの源泉となった。この成功からこの流通経路の改革はさらに進んで，百貨店での実演販売をも削減

して直営店舗での販売へとシフトしている。より顧客と職人の距離を短くし，丁寧な接客や商品説明，長い関係性の構築を意図しているのだ。すなわち，顧客は実演販売や，工場見学，斬新な直営店の内装などが醸し出す特別な雰囲気などを通して，鎚起銅器という単にモノを購入しているというよりも，職人の技や思い，その人柄や鎚起銅器の歴史，今ここにしか存在しない職人と顧客の関係性，その文脈などのストーリーを含めて玉川堂を購入しているということになるのだ。これは以前のＢ２Ｂの市場ではありえないビジネスモデルへの転換である。

2　職人組織の改革

職人と顧客の関係性というストーリーを含んだ玉川堂の鎚起銅器の購入・使用というコトを売るには，職人のこだわりやわがままをそのままにして，顧客を無視することはできない。これまでの職人の在り方に革新をもたらし，自ら顧客と時間と空間を共有して，そのニーズや期待を認識し，クレームも愛着も聞きながら，技をもってそれを乗り越えなければならない。これは老舗企業であればあるほど，その伝統が長ければ長いほどに困難なことだ。職人は，燕の工場から出て店頭に積極的に通う必要があるし，自ら商品説明を行い，販売するというこれまでに経験のないことにも挑戦する必要があった。なるべく大ぶりの作品を至高としてきた職人にとっては小さなぐい呑などの新商品作成もまた葛藤のあることだった。さらにデッサンなどを学ぶことでものを見る目を養ったり，これまでには存在しなかった女性職人も受け入れたりと，工場に伝承してきた技以外の多様性を職人組織に育む必要があったのだ。特に，海外市場へのマーケティングのために製作されるアートピースは，国内外の著名大企業や地元ならではの異業種とのコラボレーションが求められ，これまでの職人仕事とは異なる価値観を組織として学習している。

3　改革を牽引する経営者のビジョンと知識創造

贈答品から日用品への主力商品の変更や流通機構，職人組織の改革は，基行

氏の明確でわかりやすいビジョンのもとに遂行されている。このビジョン構築能力と発信能力が玉川堂一連の改革をリードしているといえる。伝統とは単なる伝承ではなく革新の連続を含むものであるという定義づけや，燕・三条地域の国際産業観光都市化による燕市にある本店での販売比率100％の目標などがそれである。そういったビジョンは玉川堂ホームページにおいて経営者のコラムとして執筆され続けて社員に浸透している。また，このビジョンを体現する飛び込み営業や自ら率先垂範するリーダーシップをもって単なるビジョンに終わらせずに実践していることが伝統的工芸品というしがらみの多い伝統産業において革新を起こし続けている源泉となっている。

　この革新は，職人と顧客双方の暗黙知が共同化することからはじまる知識創造[14]であるともいえる。職人の暗黙知とは鎚起銅器に関する技や勘，あるいは思いや愛着，理想や夢といった知である。また顧客の暗黙知とは，百貨店の店頭や燕市の工場，槌目を表現した青山店の空間，店全体を鎚起銅器で包んだかのような銀座店というこれまでに体験したことのないような店舗空間での雰囲気のもと，職人技を目の当たりにしたり，対話したりすることで生じる鎚起銅器に関する経験価値のことである。さらに，顧客は鎚起銅器の購入・使用を通じて得る経験価値を直営店舗などで職人との継続的な関係性のもとフィードバックする。そこから更なる職人の改善や新商品が生まれるという，絶えざる知識創造のループが生まれる。200年続く技の単なる継承ではなく，現代社会においての用の美としての新しいコンセプトや斬新なデザイン，異業種とのコラボレーションや海外市場など玉川堂の外部からの知識を積極的に導入し，継続的で組織的な知識創造を促進しているのが基行氏のビジョンという暗黙知の表出であり，その組織的知識創造活動全体が玉川堂の経営革新なのである。

謝　辞

　本章執筆にあたり，インタビューや訪問調査など玉川基行氏をはじめ玉川堂の皆様に大変お世話になりました。また，事業創造大学院大学の宮島敏郎教授にも情報収集にご協力いただきました。皆様に心より感謝申し上げます。

(注)
1) 2017年（平成29年）時点。
2) 2016年（平成28年）から2回のインタビュー調査，訪問調査を行いオリジナルデータを収集した。さらに，玉川堂の社内文書，7代目当主によるホームページでの連載コラムなどから独自のデータベースを構築し事例分析を行っている。
3) 2018年（平成30年）に第2回三井ゴールデン匠賞モストポピュラー賞を受賞している。
4) Polanyi（1966）は，「我々は語ることができるより多くのことを知ることができる。」という意味で非言語的・包括的な知について「暗黙的に知る（Tacit knowing）」と呼んだ。これがいわゆる暗黙知と呼ばれているものである。職人の技や自転車の乗り方，味覚や美的センスなど言葉や数量によって客観的に表現ができないが知っていることをさす。
5) 2002年（平成14年）には紫綬褒章受賞。
6) Pine & Gilmore（1999）は，経済価値としての経験について，「企業がサービスを舞台に，製品を小道具に使って，顧客を魅了する時に生ずる。コモディティは代替可能，製品は有形，サービスは無形だが，経験は思い出に残るという性質を持つ。経験を買う人（ディズニー風に言えばゲスト）は，ある瞬間やある時間に企業が提供してくれる"コト"に価値を見出す」としている。
7) 須田（2015）によれば産業観光は，「歴史的・文化的に価値のある産業文化財，現在稼働している生産現場，産業製品を観光対象として人的交流を促進する観光活動」とされている。
8) 百貨店の大丸と松坂屋の共同持株会社。
9) モエ ヘネシー・ルイ ヴィトングループの不動産ファンド。
10) 燕商工会議所を中心に20数社が加盟している中小研磨業の共同受注システム。
11) 2018年（平成30年）3月時点。
12) 2018年（平成30年）3月時点。
13) 「燕三条 工場の祭典」は，2013年（平成25年）から開催しており，2017年（平成29年）は約5万2千人の来場者があった。
14) 暗黙知と形式知の相互作用により個人の思いが組織的にコンセプトや新商品となりながら連続的なイノベーションを企業にもたらすプロセスを知識の創造になぞらえた概念である。詳しくは，Nonaka & Takeuchi（1995）を参照。

(参考文献)
(1) 経済産業省（2011）『伝統的工芸品産業をめぐる現状と今後の振興施策について』。
(2) 経済産業省（2017）『伝統的工芸品産業の自立化に向けたガイドブック第2版』。
(3) 須田寛（2015）『産業観光』交通新聞社。
(4) 丸山一芳（2016）「地方創生と企業家精神－新潟地域における企業家と企業家教育」，日本リアルプション学会，『リアルオプションと戦略』Vol.8, No.1, pp.10－14.
(5) Nonaka, I. and Takeuchi, H.（1995）.*The knowledge-creating company*. New York：

第2章　伝統産業における経営革新－200年企業玉川堂（燕市）の事例分析－

　　Oxford University Press.（邦訳：梅本勝博（1996）『知識創造企業』東洋経済新報社）.
(6)　Pine II, B. J. and J. H. Gilmore.（1999）. *The Experience Economy：Work Is Theatre and Every Business Is a Stage*, Harvard Business School Press（邦訳：電通「経験経済」研究会（2000）『経験経済』, 流通科学大学出版）.
(7)　Polanyi, M.（1966）. *The Tacit Dimension*. London：Routledge.（邦訳：佐藤敬三（1980）. 『暗黙知の次元』紀伊国屋書店）.
(8)　Yin, Robert K.（1994）. *Case Study Research*：Design and Methods, 2nd ed., Sage.（邦訳：近藤公彦（1996）『ケース・スタディの方法』千倉書房）.

第3章　会津桐下駄産地の流通戦略
－国際的な日本ブームと健康志向の潮流のもとで－

　下駄について，喜多方市史文化編は次のように説明している。「伝統産業として江戸時代から明治・大正・昭和へと履き慣れ，親しまれてきた下駄も，西洋化の波に押され，革靴やゴム靴の導入と生産によって，その使用は次第に減少している。七五三のお祝いや儀礼，浴衣など，和服の着用時にのみ使用するという程度になっている。下駄は，台板に鼻緒をつけ，地表に接する部分に歯のつけられた履物で，調法されている。この歯は横に二本ならぶもの，一本のもの（出雲・北宮諏方神社の大祭に繰り出す『御輿』行列の天狗の足駄，高歯），あるいは花魁道中での三本ものなどがある。歯の無い下駄には，田下駄や幼女の七草などに履く『木履』などもあげられる。下駄につけられる歯は，差歯（高歯）と台板を刳り貫いて作る連歯があり，最近では台板に歯だけを貼り付ける貼り歯などが作られている[1]」

　「下駄履きが一般に普及するのは江戸時代で，当地方（会津喜多方：筆者）においては幕末から明治に入ってからである。下駄の語は，足駄（あしだ）の駄からきているといわれ，江戸では歯の高いものを足駄，それ以外を下駄と呼んでいた[2]」

　下駄は，鼻緒に親指のまたをかけて，素足で掃く。とくに桐下駄は，「白木の肌触りよろしく」，汗をかいてもむれずにさわやか。靴で締めつけられた足は解放され，外反母趾の予防にも有効なこともあり，今，桐下駄が見直されている[3]。そのなかでも，一本歯の下駄，いわゆる「天狗の下駄」はバランス感覚を身に付けるので老化・ボケを防止し，足首の筋肉を鍛える効果がある。

　小平 奈緒選手は一本歯の下駄でストレッチトレーニングを行い，平昌オリンピックで闘える足腰の筋力，ショックアブソーバー機能を身に付けた。また様々なトレーニング教室が一本歯を取り入れている。

会津桐下駄は，会津喜多方市内の桐下駄職人で黒澤桐材店の店主である黒澤孝司氏によれば，年間3万足が流通している。
　会津の桐は，次のような特徴があるとされる[4]。
「イ　材がよく緊密（ち密）であること。
　ロ　材に粘りがあり，光沢があり素直であること。
　ハ　材色は銀白色にして，材は重い。
　ニ　杢目に波状した部分があり，業者はこれをチヂレメと称してあいようされておること。
　ホ　年輪は明瞭であり，減っても割れることが殆どない。
　ヘ　下駄に適しているが特に指物，装飾品等に愛用される」。
　以上のような材質の桐であるが，下駄には30年～40年の桐が利用される。
　会津地方は寒暖差が激しいため，桐は年輪が緻密で，全国屈指の材質が有名である。
　しかしながら，黒澤孝弘氏を含めて，会津地方の桐下駄職人は，会津各地の市町村・商工会・商工会議所・観光協会などをヒアリングした結果では，4名を確認できるのみである。
　その人数の職人で年間3万足が製造可能なのか，どのようにして完成品に至るかを，「第1節　桐下駄の製造工程」で，まず紹介する。それでも職人数と矛盾する場合は，だれもが思いつくのが中国からの輸入である。しかし中国の国民性は，塗装などで自然素材を保護して汚れないようにすることで「完全」な製品を仕上げようとするものであり，白木の素材は未完成品と考えられるため，白木の桐下駄を輸出することはあり得ない。白木に見せかける場合は，表面にニスを塗装している。
　しかしながら，金属・プラスチックの工業製品の多くに慣れた感覚から，植物繊維による手作りよりも，金属・プラスチックによる規格化された製品のほうが，完成度が高いという感覚をもつ人たちにとっては，中国製品の塗装を施した下駄のほうに需要が向くであろう。
　健康志向の需要に応じるには，白木の「完成品」である必要があり，会津桐

第3章　会津桐下駄産地の流通戦略－国際的な日本ブームと健康志向の潮流のもとで－

下駄という商品名に限定する場合，中国からの輸入はあり得ない。また材料に会津桐が用いられている必要がある。一歩譲って，会津桐が用いられていることを根拠として，会津桐下駄という地域ブランドを名乗っているという場合には，どの産地で桐下駄が多く製造され，そのうち会津桐下駄としては，どの産地で製造されているのかを見るため，会津に最も近い，もう一つの産地である茨城県結城市と栃木市の桐下駄産地を調査した。「第3節　結城と栃木の桐下駄産地」でこれを挙げた。

栃木市内の桐下駄職人で，沼尾商店店主の沼尾茂夫氏によれば，栃木の桐下駄は年間10,000足が出荷されている。また同氏によれば，下駄の桐材としては，新潟県・福島県の県境，会津桐が最高であるので，会津桐下駄として販売する業者も多い。会津桐下駄の3万足をどのようにカウントしているかによるが，どの段階でカウントするかにもよる，鼻緒を付けない半製品の状態でなら，会津桐ということだけが分かる。これも製品である。しかし，完成品として販売する場合は，卸売業者は，より売りやすいブランド名で，あるいは卸売業者のブランド名で小売店に卸す。そこに3万足のヒントが隠されており，結論からいえば，原材料名が地域ブランドのヒントになっている。

茨城県結城市は「結城桐下駄」としての地域ブランドを確立している。したがって，奇異な表現ではあるが，「会津桐下駄」のブランドは，会津地方の現在「活きている」職人，下駄販売店などの，市町村を超えた組織化で，ブランド管理を行っていく必要がある。それは「第2節　会津桐下駄産地」で述べる。

しかしながら，全国で411店舗を有するドン・キホーテで売られている靴のヒット商品でさえ，10,000足を記録していることを強調している[5]，いわゆる履物で，市価で5,000円～数万円の下駄が年間10,000足（栃木）や年間30,000足が出荷・販売されている事実は，それが地域産業であると考えられるが，調査の過程で気づいたことは，その資料・文献があまりにも少ないという事実である。ヒアリングした下駄販売業者・職人によれば，日常生活品であったため，工芸品のように記録に残らなかったのではないかということであった。

第1節　桐下駄の製造工程と品位

1　製造工程

　黒澤桐材店の専属職人　大竹幸喜氏によれば，桐下駄の製造工程は，次の順序で行う。

　桐伐採→丸太の状態で自然乾燥（約6か月）→玉切（8寸5分）→墨入れ→粗木取（きどり）（墨に沿って糸鋸で切り離す→5分仕上げ）→輪積（わずみ）（約6か月自然乾燥：下記写真）：「桐の渋やアクを抜くために風雪にさらし自然乾燥させる工程で，5分仕上げされた下駄が3mほどの高さに積み上げられている[6]」→カンナ掛け（面・脇）→間引き（木目に対して歯が直角に当たるようにする）→ケツ駒を取り高さを決める→丸鋤で形を整える→歯を押し切りで正確に切る→裏側（歯と歯の間）は十能カンナでさらえる→寸法を確認する→表同士を金具で留めて仕上げカンナを掛ける→ツボ開け（鼻緒の穴）→後ろの歯に穴をあけダボ（減り止めの朴木）を打つ→四隅を鼻回し鉈で削りカンナを掛ける→カンナで軽く面を取る（7分品）→砥の粉を塗って乾燥させる→鼻緒をすげられて完成品。

【製造工程の詳細】

(1)　桐伐採

　「桐の木の伐採は，秋の彼岸から春の彼岸頃の，育成の止まっている時期に行う。『寒伐り』といって，寒さの厳しい寒中に伐るのがよい[7]」。

　黒澤孝司氏[8]によれば，30年から40年の会津桐がよいとされる。「たとえば面（下駄の足に接する面：筆者）に30本の年輪を入れるには，単純計算でも30年以上の木が必要だということ。しかし，桐の木は中央に空洞があるので，30本入れようとすると40年以上の木が必要です。同じ30本の年輪を入れるのでも，女物は幅2寸8分あればいいのですが，男物は4寸必要。会津桐の場合，幅4寸の中に30本の年輪が入っている木を見つける方がずっと困難です。ですから男物で30本年輪が入ったものは女物より高価で，年輪1本いくらということになります[9]」。通は年輪を買い，履きこなす[10]といわれる。

第3章　会津桐下駄産地の流通戦略－国際的な日本ブームと健康志向の潮流のもとで－

桐下駄の輪積

出所：黒澤桐材店裏で筆者が撮影（2017年9月25日）。

(2) 玉切(たまきり)

　伐採した桐は，丸太の状態で乾燥させ，下駄用のものは8寸5分に切断する『玉切り』を行う。

(3) 墨掛け

　ここから，『墨掛け』『荒木取り』『かんな掛け』，再び『墨掛け』『はがし』の工程を経て5分仕上げの『輪積み』になるが，もっとも重要なのが荒木取りのための『墨掛け』の工程である。1本の桐材からいかにいい目を出せるか，いかに多く取れるかが，この作業にかかっている[11]。

　つまり墨掛けは，玉切りした木を墨に沿って切れば，左右一組の下駄を取り出せるようにする作業である。

(4) 輪積み

　墨掛けののちそれを対の下駄として荒木取りして，かんな掛けし，それを左右の下駄にはがしたのち，写真のように高く積み上げて乾燥させることである。

「五分製品の荒削りした桐下駄は，梅雨の節に輪積みにして渋をぬき乾燥さ

せる。冬場でも冬の水にあてるとよい。乾燥は，光沢がでる。(中略) 輪積みの大きさは，自分の両手をのばした長さの円にする[12]。

乾燥した下駄は仕上げ職人の手で，7部品となり，砥の粉で化粧をほどこされ，鼻緒をすげられて完成品となる[13]。

2　下駄の種類

栃木市史には，「2　下駄の種類」として，次の下駄を挙げている。ただし見やすくするため，箇条書きとした。

① 山下駄　平安時代に作られた。足駄のもとをなすともいえる。山法師が履いていたのはこれである。

② 足駄　起源は平安時代にさかのぼるが，徳川時代から多少形がかわって流行した。

③ 三枚歯下駄　享保（1741〜1743）から花柳界で使用し，文化・文政（1804〜1829）頃になると，一般の子女の間に流行した。

④ 羽根虫下駄　いまの駒下駄に似ているが，もっと巾が広く，かくばっている。男ものとして文化（1804〜1817）年間頃から流行した。

⑤ 半四郎下駄　歌舞伎役者の岩井半四郎が好んで使用したもので，役者風俗にあこがれた女性の間に流行したという。表つきの下駄である。

⑥ 後歯下駄　享保（1741〜1743）頃から流行した。後の歯は樫の木や朴の木の歯をさしたもの。

⑦ 馬下駄　庭履き，かわや履きでめんとりなどはしてない。

⑧ おいらん下駄　江戸の吉原や，京都の島原の大夫などが，おいらん道中に使用するもので，高さは七，八寸，二枚歯である。（後略）

⑨ 堂島下駄　大阪堂島の米商人が使用した。寛政年間（1789〜1800）頃から流行した。

⑩ 一本歯下駄　修験者や行者が使用。江戸時代末期以降のものである。

⑪ 登城下駄　雨降りや雪どけなどで道がぬかっているとき，武士が登城に履いた。特に城主のゆるしをうけて使用したというので，「おゆるし下

駄」ともいう。江戸時代末期から流行した。
⑫　吾妻下駄　下駄に草履表がはってある。関西では利休下駄ともいい，表がはってないものを「ヒヨリ（日和）下駄」という。
⑬　日光下駄　下駄に草履表がはってある。畳付きともいう。日光山内で修験者たちが履いたのにもとを発するという。（中略）表がはってあることにより，冬使用された。
⑭　焼下駄　江戸時代中期からあったという。昔はコテ焼きであった。戦時中から戦後の物資不足時代に需要が増大（後略）
⑮　ゴウリキ（強力）　学生が履いた足駄。
⑯　五分強　樫の木の歯。歯の高さは二寸五分から三寸。男物で，雨の日にはいた。いまは板前がはいている。
⑰　ヨシチョウ　日和下駄。歯は樫で高さは一寸八分。昔は長さは七寸から七寸二分ほどあったが，いまは七寸五分となった。婦人の足が大きくなったからである。巾は三寸二分から三寸五分あったが，いまは二寸七分とせまくなっている。
⑱　パッカン　パッコンともいう。これを履いて歩く時の音から出た名称である。ヘチ（下駄の表面）の長さ六寸五分，接地部の長さ三寸七分で，つま先から接地部の前部まで二寸八分ばかりのところが斜めに削いだようになっている。巾は三寸。高さは二寸五分から三寸。そこの中央が大きくくりぬかれている。それが歩くとき「パッコン」もしくは「パッカン」と音を出し，この下駄の名称となったわけであるが，このくりあなの中に鈴をつけると歩くたびに鈴の音が女の子は喜ぶ。七・五・三の祝いの時の七歳の女子用の下駄である。赤く彩色してありきれいである。
　　　パッコン下駄の五歳の女子用のものはヘチの部分の長さ六寸，底三寸二分，巾二寸八分，高さ一寸五分であり，三歳の女子用のものはヘチの長さ五寸，底の長さ一寸七分，巾二寸六分である。
⑲　コマチ　女物であり，形態は底の部分はパッカン下駄に似ているが，パッカン下駄のように底に深く池を掘りこんだものではなく，池の部分が

両側に抜けて溝をなしているから，後ろの歯が独立しているように見える。ただし後歯のうしろが駒下駄のように「ケツ（アト）」となっているものではなく，ヘチの後尾から底まで垂直につづいている。

　ヘチ（表面）の長さ七寸五分，底の長さ三寸九分，巾二寸八分，高さ一寸八分から二寸である。これも昔は巾三寸二分から三寸五分ほどあったものが，いまはせまくなっているのは，材料の面からは相当な節約になるが，履くものの足の巾はどうなっているのだろうと，疑問を生ずる。

⑳　八寸歯　桐の足駄は台が五分で，歯の高さが三寸五分なので，両方あわせると八寸となることから言った。歯は朴の木である。

㉑　モード履サンダルである。足袋から靴下へと変化するに従って，モード履が生産量をのばした。

3　品位（高級品）と材料産地ブランド

「下駄の大きさはおよそ決まっていて，男物の駒下駄では長さ8寸～8寸5分，幅約4寸，高さ1寸8分」。最高級品は柾目が楽しめる「柾下駄」で，本当の柾下駄は，左右の面（つら）を合わせると，年輪が合い，薄い木が貼られていないこと，歯に継ぎ目がないこと，本当の柾下駄は，「同じ木から，しかも同じ場所で，柾目が同じになるように木取りしたのが正真正銘の「柾下駄」なのである」[14]。

　年輪の数がいくつ入っているかで，価格に違いが出る。履き心地は変わらないのだが，年輪の多い方が高価なのは，「原木の希少価値」による[15]。下駄に入る年輪が多いほど，年輪1当たり1,000円強の高値になる。

　本来，桐下駄の工程に「塗り」や塗装の工程はない。なぜなら，桐下駄の品質が高く健康に良いとされる製品特性は下記によるからである。

「鼻緒に親指のまたをかけて，素足で履く。とくに桐下駄は，白木の肌触りがよろしく，汗をかいてもむれずにさわやか。靴で締めつけられた足は解放され，外反母趾の予防にも有効なこともあり，今，桐下駄が見直されている[16]」。

　なお，冒頭で挙げた，どの段階でカウントするかの問題では，7分品の状態

で製造業者が出荷する場合は，原木が会津桐ならば会津桐下駄としてカウントされ，結城の鼻緒をすげた場合は，結城の桐下駄となる場合があるが，原木の殆どが会津の桐であり，会津の桐によってその品質を証明しようとする場合は，「会津桐下駄」として出荷される場合も多い。このため，会津桐下駄は，職人が仮に4名であっても30,000足が出荷され，結城桐下駄は，職人が10人以上いても，年間約10,000足を出荷していることになる。

第2節　会津地方の桐下駄づくり

　会津は桐の産地として，全国的に知られ，その代表的なものが桐下駄である[17]。会津地方の，夏は高温多湿，冬は寒冷多雪という気候で，桐の目もつんで堅く，ねばりがあり。光沢もあり，くるいも少なく良質の桐が育成する土地であるといわれている。その背景には，会津の山をもつ農家の人たちの桐への愛着があり，肥料の施しや芽かき，下枝下しなどの管理を怠らず行っているといえる。「喜多方は，特に会津の下駄製造の中心地である[18]」。

　「喜多方の桐屋は主に桐下駄を製造していた。会津の桐が注目されるようになったのは，大正時代の後半からであった。戦前までは桐材の国内消費量の70％が下駄材であり，喜多方も桐下駄の産地であった。戦後，桐材の消費量が急落する。その背景には下駄から靴へ，桐ダンスから洋家具への移行があった[19]」。

　「喜多方の桐屋は桐下駄を造り売ると同時に，桐や桐のひき板を売ることもあった。三島町宮下あたりで桐を買い，主に関西地方へ売った[20]」。

　「喜多方の下駄製造は，主に五分製品といって下駄の荒型にして，半製品として製造して，東京・神奈川など関東地方に輩出してきた[21]」。

　この五分製品を仕入れて，仕上げ職人の手で仕上げ工程を行い，産地ブランド名（会津，結城など）が付されるが，そのほとんどの製品に会津桐下駄という産地ブランドが付けられる。また現に，五分製品の段階で，会津桐下駄が出荷されたことになり，そこに，実際の会津の下駄職人が，坂下町，三島町，喜多

方市で，確認できるだけで実質4名しかいないということと，会津下駄の年間製造量が30,000足であることとの矛盾が説明される。

会津地方のある下駄販売のある店舗では，自店舗の当主が職人で，自ら製造しているということが，HPで書かれていたが，すでにその当主も他界し，現在では，過去に製造したストックを販売しているとのことであった。

下駄造りには，約30年成長した桐が利用される。下駄の五分製品（荒型）を輪積みにして，乾燥させ，桐の渋を抜く[22]。渋が表面に湧出し，黒くなるが，削れば白木の桐が現れる。輪積みした下駄材（荒型）をはがし取り，二つにして一足とする。また，ミサオジュウノウで表面を削って，ハナマワシと呼ばれる包丁で面をとり，鼻緒を通す穴を錐であける[23]。

「昭和32年度の木材及び木製品業の調査（喜多方女子高校社会クラブ）によると（中略），喜多方市は桐下駄の名産地として知られているが，17軒の工場があっていずれも小規模経営であった[24]。これは1957年の時点，しかも喜多方市に限定した事実である。」

会津桐下駄の産地として，福島県観光物産協会によれば，三島町，西会津町，美里町，会津若松市，喜多方市，金山町などがあげられる。しかし現在確認できる職人数は4名ほどである。それは，五分製品と完成品とに工程が分かれていて，産地ブランド名は，卸売業者の段階で命名されることも多い。

したがって，会津桐全体のポテンシャルは年々30,000足であるが，製造能力をみるかぎりでは，まる一日会津の職人が各々1足の下駄を製造するものとして，年間300日×4人（実際には高齢で入院中の人もいるが），単純計算で12,000足となる。しかし，すべての工程を一人で行える職人は，1人だけという事情も無視した単純計算に過ぎない。一般には5分品までの工程と，仕上げまでの工程に分かれ，それぞれを専門の職人が行う。会津は，これまで，五分品を関東方面に販売していた[25]。その販売先の一部が，茨城県結城と栃木県である。

したがって，「会津桐下駄」のブランド管理は，会津（福島県），茨城県，栃木県の仕上げまでを行う職人（職人を雇用する下駄屋，あるいは卸売業者）である。

第3節　結城と栃木の桐下駄産地

　茨城県結城地方の桐下駄について，結城市発行の『結城の歴史』は，次のように述べている。

　「結城の箪笥と下駄製品の素材には，はじめ結城地方の桐材を使ったが，後に会津地方の桐材を主に使うようになった。桐材屋は，会津から原木を仕入れ，箪笥や下駄の加工に合わせて切り分けた。下駄に関しては，『七分下駄加工』といって，未完成の下駄の台木を大消費地の東京などに出荷している[26]。」

　また結城市史は次のように述べている。

　「関東大震災後に東京への販路が開けて発展した結城の桐材加工業は，昭和恐慌の頃には桐材屋が3軒（中略），それにただ一つの下駄の製造工場である柳田下駄製造工場（職人108）と70軒ほどの下駄屋（製造販売）があった。

　下駄の製造業者は結城町だけでなく，四川地区にもいて，江川村には1931年（昭和6）には6人の下駄職人が年間最高3,000円，最低500円，平均1,750円のかせぎ（売上げ）をしていた『結城町発達史』409～10頁[27]」

　「当時桐材の六割が下駄になった。その下駄が昭和初年の1足10銭ほどから昭和恐慌下の1931年（昭和6）に五銭以下に下落した。このため下駄屋や桐材屋は，たいへんな苦境に陥った。下駄の次に生産量が多かった箪笥の製造元も事情は同じであった[28]」

　「結城の桐たんすは，表面の見えるところには会津桐を使い，見えない場所には結城桐を」使っており[29]，下駄の場合は，栃木桐下駄も結城桐下駄も，先述の沼尾茂夫氏によれば，福島県と新潟県との県境の会津桐が使用された。

　結城市史によれば，「結城市の地場産業として結城紬に次ぐのが桐箪笥と桐下駄の生産」であり，「いずれも戦後の市民生活が洋風化することによって需要が減少し，戦前のような活況はみられないが，地場産業としてなお全国有数の産地となっている」[30]。

　「桐下駄も結城市の特産品であり，国内の三大産地の一つに数えられている。

戦前茨城県下では結城地方と石岡地方が桐下駄の産地として有名であったが」，昭和57年現在，「茨城県会では結城地方だけで生産が続けられている。戦前からあった結城履物商工組合を1958年（昭和33）結城地方桐下駄協同組合に組織替したが，この組合に参加した業者は結城市内に18軒あった。組合員の構成は桐下駄製造9軒，桐材業7軒，履物小売2軒となっている。

桐下駄の原材料は福島・岩手・新潟の各県から大部分が送られ，一部を輸入材に依存している。桐下駄も戦後の生活様式の変化によって，生活必需品から趣味の履物へと転換した。この転換の過程で多くの困難に当面したが，大消費地に近い好条件を生かして地場産業として維持している[31]」

結城桐下駄製造業者の規模について，昭和57年当時のことであるが，『結城市史』は次のように記載している。

「下駄製造業者の従業員数もすべて10人以下の零細企業であり，約半数が家族従業者で占められている。現在，後継者の養成が深刻な問題となっており（中略），最近結城市では生産技術の向上がいちじるしい[32]」

一方，栃木県は野州桐(やしゅうぎり)が桐下駄の素材として有名であった。しかし現在では，茨城県結城と同様，桐材のほとんどが福島県会津・岩手・新潟などから買い入れている。

栃木市が，全国三大下駄産地として名を馳せた理由は，鼻緒の素材である眞縄の製造が重要な産業であったことに原因がある。

栃木県史萩のように記述している。

「栃木市の特産品は，大麻の加工と，それを原料とする懐炉灰，下駄緒芯縄，麻裏，草履，醸造品，塗下駄，栃木箪笥などは有名であるが左記の品は又世に名高し。

○眞縄(まなわ) 本県特産の大麻の7割を加工して，栃木市を中心として産出せる，履物鼻緒用眞縄は，栃木市の特産物の代表的なものである。其生産は下都賀郡内農家の副業として加工せらる，其工賃年額20万圓と稱す（昭和10年）當市の重要な産物である。販路は東京，大阪，名古屋の三大都市である[33]」

鼻緒の芯縄に使用される大麻を野州麻(やしゅうあさ)という。

栃木市史　民俗編に,「下駄の製造」の製造の項に次の記述がある。
「桐屋　桐の木を畑(農家)に買いに行くのは,桐材商(桐屋)か下駄屋である[34]。」
つまり,桐を栽培する農家がかつてあった,あるいは現存するということを示す表現である。

第4節　会津桐下駄の地域ブランドと需要増加の戦略およひ桐,鼻緒の芯(眞縄),鼻緒の布,着物の地域間補完関係

以上みてきたように,会津桐下駄は,会津の原木を利用して,会津で五分品まで製造して,茨城県(とくに結城)や栃木県(栃木市が中心)に売られ,そこで仕上げを行う,あるいは会津から原木を仕入れて結城や栃木で,七分品まで製造し,東京(浅草など)で完成品になるという加工,流通ルートが一般化しており,いずれも高級品は「会津桐下駄」と命名されて消費者に売られる。消費者は「年輪を買う」ので,杢目の積んだ精緻な「会津桐下駄」を買う。

したがって,「会津桐下駄」の地域ブランド管理は,genericというほかない。

そうであれば,トレーニング企業が使用説明書付き,ダイエット・筋力増強の入門書付きで桐下駄を,自社ブランドで販売している今日,同様の方法で,会津桐を使用する職人・下駄屋の共同体を結成して,そこで「会津桐下駄」という地域ブランドの基準を定め,そしてそれを公表することで,ブランドに対するステータスを維持し,各県の下駄屋による販売に役立てること,「トレーニング企業が販売する「桐下駄」とのブランド差別化を行うこと,まだ健康志向のコンセプトに合わせた販売方法を「桐下駄の効用,良い下駄の見分け方,健康のための履き方」などのテキスト付きで販売すること,共通する流通チャネルに関しては,徐々に共同事業を拡げ,国の内外にプロモーションを行うこと,このような共同のブランド管理・製品供給主体の確立とマーケティング,これにより,国内外に会津桐ブランドを普及させること,これが3地域の利益

につながるであろう。

　またなぜ三大地域であるかについて，栃木市の沼尾茂夫氏からの示唆があった。沼尾氏いわく，下駄の生産が発展しているところの多くが，近隣に鼻緒を生産する基盤を持つところが多い。

　そこで，まず，会津の桐，栃木の鼻緒の芯（眞縄），結城紬（着物・鼻緒の表装）という，桐下駄の使用価値体系をなしている3地域の地域産業，地理的にはともに自動車で1時間の空間的関係，これが相互の地域産業の環境となっているという面である。これは，相互の地域産業を，今後発展させる場合の戦略的な視点として，相互に考慮する必要がある。

　なお，下駄に関する文献の多くが，下駄の種類については，主要なもののみを挙げているのに対して，本章ではほぼすべてを網羅した。また，新たな下駄の開発については，「県史」や「市史」をみる人はまれであろう。身近にある下駄をヒントに行っているようである。「下駄」をテーマとした本章で発想が広がり，マーケティング機会について考える参考になれば幸いである。

謝　　辞

　本章を完成させるにあたって，会津喜多方の黒澤桐材店　黒澤孝司氏，栃木市の桐工房沼尾商店　沼尾茂夫氏には，お世話になりました。この紙面を借りてお礼申し上げます。

（注）
1)　喜多方市史　10　文化，pp.571-572。
2)　同上資料，p.572。
3)　Ingelheimer 44, Ingelheimer編集委員会：電通（日本ベーリンガーインゲルハイム，1998年7月），p.16。
4)　福島県林業部『会津桐の沿革について』，p.57。
5)　https://www.fashionsnap.com/article/2018-03-13/slidesolechange-0316/（2018年5月28日現在）
6)　Ingelheimer 44, p.16。
7)　喜多方市史，民族，各論編，p.180。

8) 黒澤桐材店店主，職人。
9) Ingelheimer 44, pp. 18 − 19。
10) 同上。
11) 同上資料，p. 18。
12) 前掲喜多方市史，p. 180。
13) 前掲 Ingelheimer, p. 18。
14) 同上。
15) 同上。年輪1本当たり1,000円～1,500円（黒澤孝司氏談）。
16) 同上。
17) 前掲喜多方市史　p. 179。
18) 同上。
19) 同上資料，p. 98。
20) 同上。
21) 同上資料，p. 179。
22) 同上資料，pp. 179 − 180。
23) 同上資料，p. 180。
24) 同上資料，p. 139。
25) 同上資料，p. 179。
26) 結城の歴史編纂委員会『結城の歴史』結城市（平成7年3月31日），p. 331。
27) 結城市史　第六巻　近現代通史編，昭和五十七年三月三十一日発行，p. 699。
28) 同上資料，p. 701。
29) 同上。
30) 同上資料，p. 966。
31) 同上資料，p. 698。
32) 同上。
33) 栃木県史，第9巻，pp. 520 − 521。
34) 栃木市史　民俗編，p. 397。

第4章　将棋駒産地の伝統と革新
－天童将棋駒の事例－

第1節　将棋駒産地の地域性

　将棋駒産地は，天童市に展開している。天童市[1]は山形盆地の中央に位置し，南は立谷川を境に山形市，西は最上川を境に寒河江市と西村山郡の河北町，東村山郡の中山町，北は乱川を境に東根市と隣接している。市内の主な産業としては，電子機械部品，食料品製造，木工業等が中心である。

　この天童市は，将棋駒の産地として広く知られており，全国の将棋駒の約95％を生産している。その歴史は160年にもおよび生産規模を単に拡大させただけではなく，地域全体の発展そのものになっている。天童市では「子ども将棋大会」や「全国中学生選抜将棋選手権大会」などを毎年開催している。また，桜まつりの時期に舞鶴山で開催する「人間将棋」は，将棋のまち天童を全国的に発信している。加えて，天童温泉の滝の湯ホテル[2]では，竜王戦をはじめとする数多くのタイトル戦が行われている。また同市は，ラ・フランス，さくらんぼ，林檎，ぶどう，桃などを生産している。特にラ・フランスは全国で第1位の収穫量を誇っている。

　以上のように，天童市は，将棋駒・天童温泉・果物の3大観光資源に恵まれている。

　天童市商工観光課によれば，天童温泉の観光客は，1989年から2002年までは1,000,000人を超えていたが，2003年以降2016年までは下回っている。さらに，天童市税務課資料によれば，温泉利用者及び入湯税額の推移を見ると，日帰り人数は1999年130,070人をピークに2015年98,160人へと減少している。宿泊人数は1995年575,386人をピークに2015年272,127人へと減少している。

写真　天童桜まつりにおける「人間将棋」

写真提供：山形県将棋駒協同組合。

第2節　将棋駒産地のクラスター構造

1　将棋駒産地の産業クラスター

　天童市には，量産型の駒づくり業者が3軒，「木地師」「書き師」「彫り師」「盛上げ師」といった職人が約20人，高級品の将棋駒を作っている工房が2軒ある。そのうち，名工と呼ばれる職人たちによる手技の将棋駒は，1996年4月に通産省指定の伝統的工芸品指定を受けている。これにより，天童市では後継者の育成や需要開拓などの事業に国の助成や支援が得られることになった。また，山形県将棋駒協同組合と協力しながら，伝統的な職人技の技能伝承と将棋による地域発展に力を注いでいる。これにより，多数の業者が集まって存立し産地を形成している。

　第1に生産のための熟練技術や情報を継承し，修得している人々が今なお従

事していることである。天童での将棋駒の生産は江戸時代末期に財政の窮乏した天童藩（織田氏）の武士の内職として始まっている。明治以降も家禄を失った士族の家業として受け継がれ，徐々に農業従事者も参入している。

第2に，高年齢者や農家の内職など，安い労働力を活用したことによって他の産地を圧倒したことである。天童将棋駒のはじめは安い大衆駒が大半を占めていたが，他の産地が衰退していく過程で，中高級品まで作るようになっている。

こうした地場産業の存立要因としては地元の資源を活用するということがあげられる。天童将棋駒の場合，産地形成のはじめは地元の原木を使っていたが，生産量の増加に伴って昭和初期には原木を他県に依存するようになっている。盤は日向（宮崎県）産の榧（かや）が，駒の高級品用の本つげ[3]は鹿児島県（薩摩つげ）や東京都御蔵島（伊豆諸島）から，普及品中級品用の本まゆみ[4]，その他雑木は東北各県を主とする各地から購入している。中級品用のシャムつげはタイ，カンボジア産で大阪の貿易業者から購入している。

産業集積の意義について，Weber（1922）やMarshall（1920）は，産業が集積して立地する要因やメリットの解明を試みている。特定の地域に同業種が集積することで，産業全体として経済効果が生まれることをMarshallの外部経済，あるいは規模の経済と呼んでいる。すなわち，同業種が集積することによって，当該産業全体として収穫逓増の状況を醸し出すのである。これに対してKrugman（1991）は，産業が地域集中化するうえで，技術の波及が重要な役割を果たしていると述べている。しかしながら，これが地域集中化の起こる典型的な理由だとは考えていない。

山崎（2009）は，産業クラスター[5]の意義について，産業集積の一形態，イノベーションによって進化できる産業集積と捉えている。企業間に新しい取引関係が生まれ，これまで考えられなかったような提携，合併が実施され，さらには新しいユニットを基礎にして新事業，ベンチャー企業が地域内において創出されることを意味していると指摘している。さらにPorter（1990）は，企業が産業集積の諸要素を経営戦略に有効活用することにより，企業と産業集積が

共に新たな発展を実現する方策について提示している。すなわちPorterは，産業クラスターについて，特定分野における関連企業，専門性の高い供給業者，サービス提供者，関連業界に属する企業，関連機関（大学，規格団体，業界団体）が地理的に集中し，競争しつつ同時に協力している状態と定義し，それは共通性と補完性という2つのキーワードによって特徴づけられる。

共通性は，生産活動を行う際の共通性を意味している。例えば，ある特定の分野に属する製品を生産する際に同じ原材料や類似の技術を使用する場合は，同じ流通経路から出荷されるようなケースである。経済学的には範囲の経済である。補完性は，クラスターを構成するある産業の製品が同じクラスター内の別の産業の中間投入財となって，生産活動において産業間の相互補完関係にあるということを意味する。経済学的には，前方・後方の連関効果のことである。さらに，Porter（1998）は，グローバル経済において持続的競争優位を得るには，多くの場合非常にローカルな要素の地域的集中が重要であると述べている。

加えて，地域集中のホームベースは，その事業にとって最も望ましいダイヤモンドを備える地域に置くべきである。グローバル戦略に基づき，各地域が持っている比較優位や市場へのアクセス，特定のスキルや技術の獲得のために活動を分散し，学習した内容をホームベースで統合することにより，立地の競争優位は拡大できる。

2　天童将棋駒の製造工程

山形県将棋駒協同組合によれば，天童将棋駒の製造工程は次のとおりである。

(1)　駒木地工程

天童将棋駒独自の駒切りナタ一丁で荒削り（端切り・側切り・底切り・剣立て），小割り，仕上げまでの作業を実施する。

(2)　彫り駒工程

印刀一本で巧みに文字を掘り込んでいく工程である。字体の簡略度により，

第4章　将棋駒産地の伝統と革新－天童将棋駒の事例－

黒彫，並彫，中彫，上彫，銘駒などの種類がある。さらに下地漆で文字を埋め込み，瀬戸みがき等を使って平滑等に仕上げたものが彫り埋め駒となる。

(3) 盛り上げ駒

工程彫り埋め駒に蒔絵筆を使い，文字を漆で浮き立たせ，乾燥させたあと丁寧に研きあげたものである。技術的に難しく，将棋駒の中で最高級品である。

(4) 書き駒工程

書き駒は，筆を使い漆で木地に文字を直接書いたものである。草書体と楷書体があるが，天童将棋駒といえば書き駒の草書体と言われるほど伝統がある。

〔技術・技法〕

① 将棋駒の木地作りにあっては，玉切りした材を，大割り，小割り及び駒切りする。

② 書き駒にあっては，駒木地に筆を使用し，漆を用いて，将棋駒独特の書体により直接書く。

③ 彫り駒にあっては，字形から字母紙に陰影を写し取り，陰影を取った字母紙を切り取り，駒木地にのりで貼り付け，印刀で彫り，目止めをしたあと，漆入れ，下地漆入れ，又は漆盛り上げにより仕上げる。

〔原材料〕

① 駒木地にあっては，ホオ[6]，ハクウンボク[7]，イタヤカエデ[8]，マユミ若しくはツゲ又はこれらと同等の材質を有する用材とする。

② 漆は，天然漆とする。

3　天童将棋駒の競争優位

1の将棋駒産地の産業クラスターで述べたように，企業を取り巻く立地環境は，企業のイノベーション活動に外部から影響を与えるという点で重要視されている。地理的立地は，生産性，特に生産性の成長に影響を与えるという点で競争優位[9]を左右すると考えられており，ある産業における生産性の向上が

他の産業の生産性の向上をもたらすことで，直接・間接に繁栄が促進される。すなわち，前方連関と後方連関の外部経済効果の存在の重視である。

Porter（1998）は，企業の生産性の向上を促す外部環境として，(1)要素条件，(2)戦略・競争状況，(3)需要状況，(4)関連・支援産業，の4つの要素を取り上げ，それらを頂点においた図表2－1のようなダイヤモンドを示し，要素間の相互作用によって地域の相対的な優位性が決定されることを説明している。

(1)要素条件とは，企業の高い生産性の実現に際して高質の生産要素が安価に得られることが必要であることを意味している。資本や労働，インフラといった一般的な要素は，多くの地域で取得可能であるという理由から重視されず，高い専門的スキルを有する労働者といった各産業クラスター固有のニーズに応えられるように特化した要素が，企業の生産性向上のためには重要になる。(2)関連産業・支援産業は，産業クラスターそのものを意味する。産業クラスターでは，特定分野の企業や機関が集積しているために相互の交流が容易であるだけでなく，専門化した人材やサービスなどを容易かつ安価に調達することが可能である。(3)需要状況は，産業クラスター内の洗練された顧客が存在することを意味している。このような顧客の存在は，企業に対して製品の品質向上を促すだけでなく，先端的なニーズや潜在的なニーズを教えてくれる。また，企業が戦略の差別化を図るうえで，どういった市場区分に特化すればよいかについても示唆を与えると考えられている。(4)戦略および競合の状況は，地元企業間での競争の状況に関するものであり，単純な価格競争ではなく差別化戦略を行う必要性を意味している。持続的なイノベーションと生産性向上の原動力として，企業間の競争意識が重要視され，域内市場でそれが欠けているならば企業が域外において競争力を持つことはないと論じている。

産業クラスターの理論は，地理的立地点において形成される図表2－1のダイヤモンドの状況こそが競争力の源泉であり，競争優位を確保し持続できるか否かを決定するものとして捉えられる。産業クラスターの発展は，ダイヤモンドのフィードバックのループがどれだけ効率的に働くかによって決定され，自己強化型のプロセスによって持続的な発展が実現することが強調される。つま

り，産業クラスターでは，地理的，文化的，制度的な意味での近接性に加えて，特別なアクセスや関係，充実した情報，強いインセンティブなど，遠隔地にいては対抗しにくい生産性や生産性の成長という点での優位が得られるのである。具体的には，産業クラスターを形成することで，クラスターに参加する企業や産業の生産性が向上するとともに，イノベーションを促進させ，新規事業を創出するという3つの効果があると考えられている。

そして，産業クラスターの取り組みの成功例には，次の9つの共通の特徴がみられている。

(1) 競争力や競争優位におけるクラスターの役割について共通理解がある。
(2) 産業クラスターのグレードアップに対する障害の排除，制約の撤廃に力点が置かれている。
(3) 構造的に，国内・州内のすべての産業クラスターを対象としている。
(4) 産業クラスターの範囲が適切である。
(5) 産業クラスター参加者や関連機関が幅広く参加している。
(6) 民間部門が主導権を握っている。
(7) 人と人とのつながりを重視している。
(8) 行動を重視している。
(9) 制度化する。

すなわち情報技術の急速な進歩による知識経済化への移行にともない新しい競争力のパラダイムは，4つの要素からなるダイヤモンド，すなわち，(1)企業戦略，競争環境，ライバル企業の集積，(2)部品や機械，サービス，情報などを提供する関連支援産業，(3)地域のニーズや顧客の存在という需要条件，(4)人的資源を提供する教育・訓練機関，知識を提供する大学・研究機関，業界団体などの要素条件が，どのように形成されるかにより決定される。またそれは1企業にとっての競争優位ではなく産業あるいは地域という集合単位で表れる。そして，イタリアの製靴とファッション・クラスターやカリフォルニアのワイン・クラスターなどの事例をあげて企業の地域的集中が，(1)ダイヤモンド内の個々の決定因や相互間の影響力を強め，(2)それが効率化と専門化を進め，(3)

差別化された知識や技術によってイノベーションの速度も上がり地域の競争優位が高まる。

図表4-1　地理的立地の競争優位の源泉

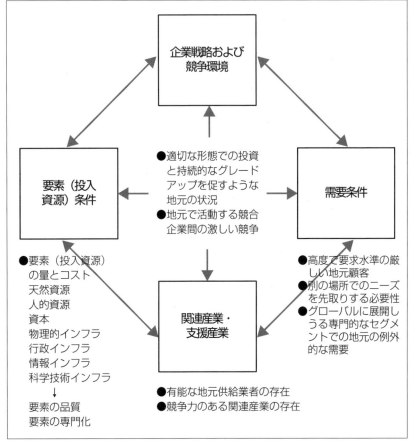

出所：Porter, M. E.（1998）On Competition, Harvard Business School Press.（竹内弘高訳（1999）『競争戦略論Ⅱ』ダイヤモンド社, p. 83.

　将棋駒産地のクラスターでは，第1に所得効果，雇用効果がある。将棋駒産業は高年齢者や家庭の主婦などに就業の場を提供している。それによって彼らの属する世帯の所得の増加がもたらされる。この所得は地域内の財政やサービ

スの購入に当てられ,小売業をはじめとする地域産業によい影響を与えている。

第2に高年齢者に就業の場を提供することは彼らにやりがいや生きがいを見出せる仕事を提供することとなる。人口の高齢化が進む時代にあって,この役割はますます重要性を帯びてくる。

第3に地域に根ざした伝統的工芸品である将棋駒は他の地方都市に比べて天童市を特色のあるまちにしている。市民にとっては往時の内職で主婦や高年齢者,学童なども生産に参加した産業で,自らが住むまちの生活文化を理解することや,アイデンティティを確立するうえでも重要な要素となっている。

第4に観光効果がある。例えば,天童桜まつりにおける「人間将棋」は,将棋駒産地の伝統を活用し,観光振興を図ることを目的に1956年から始まっている。交流人口拡大に向けた取り組みとしては,おいしい山形「まるかじり天童物語」や毎年4月に桜花爛漫「人間将棋」参加ツアーなどを行っている。

第5に経済的価値を創出する実質的な場として産業集積・産業クラスターが位置づけられている。

第6にイノベーションを創出する必要条件として内外の知識へのアクセスを考え,様々なファクターが地理的に近接していて集積している状態が有利に働いている。

第7に輸送費用や取引費用の低減効果からイノベーションの創出のため外部とのつながりを密接にしている。

第3節 将棋駒産地のレントによるネットワーク分析

産業クラスターでは,企業内ネットワークを価値連鎖という概念で示し,それらを配置・調整するというデジタルネットワークを考えている。そこにおいて,競争優位は企業内ネットワークと空想ネットワークの複合的な関係の中で位置付けられている。

西口ら(2003)が,ネットワークの評価基準として用いたのがレント概念である。(1)評判のレント,(2)中央からの公式な調整のレント[10],(3)社会的埋め

込みのレント，(4)情報共有と学習のレント，の4つのレントによる分析を提唱している。(1)のレントとはネットワークそのものに与信力を見出している場合，そのネットワークのメンバーは，そこに属しているという事実そのものによって評価されることである。(2)中央からの公式な調整のレントとは，中核機関や中核的企業が，メンバーのために，サービスや諸設備を一元管理し調整する在り方と関連するものである。(3)社会的埋め込みのレントとは，地域社会の協同体がベースとなり，ある主体がそこに社会的に埋め込まれていることから生じる有形無形の利点から，ネットワークのメンバー間に新たに生まれたメリットである。(4)情報共有と学習のレントとは，メンバーが，彼らのもつ情報や知識を共有し学習することから生まれる利得であるとしている。

さらに具体的に言及すれば(1)評判のレントとは，従来の中小企業論において，のれんとしてとりあげられていたものであり，(2)中央からの公式な調整のレントとは，生産設備や検査機器の共有によるメリットであり，従来の共同化や異業種交流などの議論でみられたものである。また，(3)社会的埋め込みのレントとは，産業集積内でみられる地域内の集積メリットに関する議論であり，(4)情報共有と学習のレントに関しても，技術の蓄積を学習とみるならば企業間の技術伝播などの問題として議論されてきたものである。天童将棋駒産地では，こうした4つのレントのすべてを満たしている。

加えて天童将棋駒産地では，連携によって，多様なコミュニケーションが行われる場が設定され，新たなネットワークを創出し，維持される。組織では対応しきれない環境の複雑性や不確実性への対応が可能になっている。ここでは，自立した主体性のある企業の緩やかな連携の相乗効果に基づく，外部資源の積極的活用による経済性の追求が注目される。そして，異業種交流や戦略的提携なども可能となる。すなわち，異質で多様なものや自律的な企業がゆるやかに結びつくことにより，経営革新につながるイノベーションが生み出される。

第4節　将棋駒産地のイノベーションと成長戦略

　天童将棋駒産地の織田藩時代は,「木地造り」と「書き」の分業形態で将棋駒を製造している。主に手工業生産が中心であったが,明治時代末期から機械化による大量生産が進んで昭和初期には安価で良質な天童将棋駒の供給が可能となっている。しかしながら,1965年以降は,生産の主体は彫り駒に移り,彫埋,盛上の技術が研究され,製品化されている。

　イノベーションについては,Schumpeter（1926）が経済発展に関して示す新結合の遂行として捉える。Schumpeterは,その内容として5項目をあげている。(1)新しい財貨の生産,(2)新しい生産方法（商品の商業的取扱いに関する新しい方法も含む),(3)新しい販路の開拓,(4)原料あるいは半製品の新しい供給源の獲得,(5)新しい組織の実現（独占的地位の形成あるいは独占の打破),などである。

　Schumpeterが示す内容を踏まえると,企業によるイノベーションの主体的な取り組みについて,次のような方策が考えられる。(1)技術革新:新製品・新技術に関する研究開発,既存製品・既存技術の改良など,(2)市場開拓:販路開拓,ブランド戦略など,(3)経営革新:情報化推進,組織改革など,(4)海外事業展開:生産拠点,販売拠点など,(5)外部との連携:産学官連携,異業種交流会,同業種交流会など,(6)下請取引関係の有効活用:下請取引を通じて得た技術・品質・ノウハウの活用,などである。

　天童将棋駒や天童織田藩を活用した地域活性化へのイノベーションの取り組みは,行政・温泉組合・観光物産協会などで協力しながら実施しているものの連携性は低く,統一感がない状況になっている。そのため,伝統工芸としての天童将棋駒の技術・技能を継承発展させて,後継者の育成・確保,技術・技能の継承改善,販路の開拓,組織活動の強化と共同事業等の多くの課題を解決するなかで,伝統的地場産業としての天童将棋駒の振興を図っていく必要がある。そして天童将棋駒産地のクラスターでは,企業内ネットワークと空想的ネットワークの複合的な関係を構築し,連携性を高め,統一感も図ってフィットさせ

なければならないのである。

謝　　辞

　本研究に当たっては，公益社団法人天童青年会議所　将棋のまち創造委員会（委員長川股隆宏氏　副委員長高橋秀和氏　幹事古澤裕之氏　委員貫田忍氏　委員鈴木基弘氏）のご協力をいただきました。心より御礼申し上げます。

（注）
1) 天童市の2015年度上半期ふるさと納税寄付額は全国1位で，約23億円である。その理由としては，寄付額の半分をお礼品として寄付された方に還元し，また，天童の特産品で国の伝統的工芸品に指定されている天童将棋駒に関するものをプレゼントしていることが寄付の多さに繋がっている。
2) 「将棋駒のふるさと」天童温泉で，明治末期から営業している「滝の湯ホテル」である。1984年の十段戦（竜王戦の前身）を皮切りに，竜王戦をはじめとして数多くのタイトル戦が行われている。
3) ツゲ科の常緑低木である。材質は緻密で堅い。
4) ニシキギ科の木本である。材質が強いうえによくしなる。
5) クラスターとは，ある特定の分野に属し，相互に関連した，企業と機関からなる地理的に近接した集団である。
6) モクレン科の落葉高木である。材質は堅い。
7) エゴノキ科の落葉小高木である。材質は，器具材，くり物，ろくろ細工などにも適している。
8) ムクロジ科の山地に生える落葉高木である。材質は，建築，器具，装飾材などにも適している。
9) 競争優位とは，ライバル企業との競争を自社にとって有利に展開できることから，ライバルに比べて収益ポテンシャルが高い状態を指す。競争優位を実現することで，収益ポテンシャル，すなわち高収益を実現できる潜在的な可能性が高まる。しかし，潜在的な収益可能性を活用できていない場合もあり，競争上有利な立場にあることが高収益性の実現を保証するわけではない。
10) レントの概念は，リカード（David Ricardo）によって18世紀初めに経済学に持ち込まれたものである。例えば，ある産業に効率の高い企業と効率の低い企業があったとする。この場合，市場価格と限界費用（追加一単位の生産に要する費用）が等しい企業が「最も効率の悪い企業（限界企業）」となり，この企業の限界利益はゼロとなる。この企業より効率のよい企業は限界利益をあげることができる。この限界企業との利益格差のことをレントと呼ぶ。この場合，利益をあげる能力のある企業は，供給を制限して「不当利潤」を得ているのではなく，生産がある生産要素によって制約を受けていて（つまり生産要素に希少性がある），生産要素の利用

第4章　将棋駒産地の伝統と革新－天童将棋駒の事例－

効率が企業によって異なるので効率のよい企業に利益が生じていることを理解する必要がある。この意味でレントを「超過利潤」と訳すのは好ましくない。超過利潤には，「生産要素の独占による利潤」という意味もあるからである。レントは，単に「利益」あるいは「利潤」と訳すことも可能である。しかし，レントという概念は，以上のように「希少性のある生産要素＝資源」に結びついている言葉であるため区別する必要がある。

〔参考文献〕
(1) 石倉洋子・藤田昌久・前田昇・金井一頼・山崎朗（2003）『日本の産業クラスター戦略』有斐閣。
(2) 斎藤隆一・堀進（2003）『天童の将棋駒と全国遺跡出土駒－将棋駒のルーツを探る－』天童市将棋資料館。
(3) 高野義夫（2011）『資料　日本の伝統産業（物産編）（工芸編）』日本図書センター。
(4) 西口敏宏編（2003）『中小企業ネットワーク』有斐閣。
(5) 初澤敏生（2016）「天童市における将棋駒産業の変容」pp.95-106.内山幸久編著『地域をさぐる』古今書院。
(6) 増山雅人（2006）『カラー版　将棋駒の世界』中公新書。
(7) 宮川泰夫（1992）「天童将棋駒産地の変質－新風土文化産業論（六）－」『愛知教育大学研究報告』41（社会科学編），pp.9-26.
(8) 山崎朗（2009）「産業集積と産業クラスター：関連支援産業，イノベーション，グローバリゼーション」『経済学論纂』第49巻第5・6合併号，pp.55-69.
(9) Krugman P.（1991）*Geography and Trade*, The MIT Press.（北村行伸・高橋亘・妹尾美起訳（1994）『脱「国境」の経済学：産業立地と貿易の新理論』東洋経済新報社）。
(10) Marshall A.（1920）*Principles of Economics*, 8th ed., London, Macmillan and Co., Limited.（永澤越郎訳（1985）『経済学原理』岩波ブックサービスセンター）。
(11) Schumpeter, J. A.（1926）*Theorie der Wirtschaftlichen Entwicklung*, 2. Aufl.（塩野谷祐一・中山伊知郎・東畑精一訳（1997）『経済発展の理論』岩波文庫）。
(12) Weber, A.（1922）*Ueber den Standort der Industrien*, 2th ed., Tubingen, J. C. B. Mohr.（篠原泰三訳（1986）『工業立地論』大明堂）。
(13) Porter, M. E.（1990）*The Competitive Advantage of Nations*, The Free Press.（土岐坤他訳（1992）『国の競争優位（上・下）』ダイヤモンド社）。
(14) Porter, M. E.（1998）*On Competition*, Harvard Business School Press.（竹内弘高訳（1999）『競争戦略論Ⅱ』ダイヤモンド社）。

〔ウエブサイト〕
公益社団法人日本将棋連盟HP：https://www.shogi.or.jp/（2018年3月21日取得）
山形県将棋駒協同組合HP：http://www.tendocci.com/koma/（2018年3月20日取得）
山形県天童市HP：http://www.city.tendo.yamagata.jp/（2018年3月20日取得）
山形県HP：https://www.pref.yamagata.jp/（2018年3月21日取得）

第5章　富山県の酒造メーカーにおける販売戦略

　清酒は昔から百薬の長と呼ばれ，我が国の食文化ともかかわりの深い伝統性を有した嗜好品である。政府の立場からみれば，酒税は安定した税収が得られる貴重な財源となっている。また消費者の立場からみれば，冠婚葬祭，選挙，贈答，娯楽などさまざまなシーンで清酒は用いられてきた。このように我が国において，清酒はなくてはならない存在であった。しかし，近年，新たな酒類の登場，流通の変革などにより，清酒の消費量に大きな影響を及ぼしている。
　本章では富山県の酒造メーカーを中心に，清酒業界の販売戦略についてみていくことにする。

第1節　地域酒造メーカーの問題点

　ここでは，全国の地域酒造メーカーが直面している問題と対策についてみていきたい。
　地域酒造メーカーの問題としては，①市場を地域外に向けるにあたり，商品開発や販路開拓といった拡大再生産の準備不足，②清酒づくりのスペシャリスト・杜氏の高齢化と人数の激減による後継者問題，③就業者の流動性が極めて低いため，新規酒造メーカーの誕生が困難，④清酒を好む年齢層の高齢化，などがあげられる[1]。清酒を好む年齢層について，松川氏は，「酒類志向の面からとらえれば，20代の酒類飲用率が低下し，日本酒などは近年では30代の男性の引用率も低下し始めており，将来的な消費を考える上においても，不安材料が登場してきている[2]」と述べている。

図表5-1 富山の日本酒の現状

年度	課税移出数量 kℓ (清酒)	蔵元数 場 (蔵元数)	消費数量				
			kℓ (清酒)	kℓ (ビール)	kℓ (リキュール)	kℓ (しょうちゅう)	kℓ 合 計
40		60					
45		47					
50		43					
55		38					
58	14,588		19,835	38,954	116	637	62,450
59	14,681		19,178	38,472	276	1,374	62,065
60	15,415	34	19,316	39,982	391	1,767	64,291
61	16,103		19,936	41,934	363	1,565	66,609
62	16,104		19,245	44,675	356	1,396	68,823
63	16,934		19,307	45,118	354	1,362	69,230
1	16,111	31	19,395	50,753	400	1,253	74,952
2	16,617		19,423	53,617	575	1,275	78,059
3	16,698		19,228	55,295	604	1,140	79,315
4	16,699		18,840	56,356	698	1,310	80,305
5	17,290	29	19,240	56,649	826	1,468	81,478
6	15,582		17,728	61,629	1,167	1,612	85,465
7	15,993		18,503	59,719	1,365	1,773	87,757
8	16,246		17,806	61,049	1,594	2,033	87,660
9	15,659		16,620	59,458	1,747	2,288	86,382
10	15,058	28	15,702	56,118	1,816	2,386	86,328
11	14,989		14,866	52,874	2,384	2,597	85,629
12	14,250	26	14,098	49,916	2,754	2,893	84,302
13	13,560		13,650	43,539	3,231	3,478	85,491
14	12,684		12,180	38,454	3,651	3,762	81,514
15	11,615	26	11,649	35,678	3,984	4,764	79,850
16	10,309		10,299	34,525	4,853	5,428	78,984
17	9,826		10,043	32,672	4,945	5,761	78,871
18	9,437		9,553	31,495	5,183	5,865	77,289
19	8,822		9,332	31,508	7,276	6,074	78,236
20	8,491	26	8,829	28,981	10,336	6,184	76,784
21	8,003		8,418	27,261	11,426	6,089	73,746
22	7,579		7,872	26,189	13,695	5,991	73,324
23	7,448		7,601	25,304	15,100	6,498	73,555
24	7,093		7,385	25,900	16,218	5,847	73,991
25	7,342	24	7,342	24,616	17,933	5,997	74,678
26	6,390		7,087	23,489	17,034	5,684	72,137
27	6,513		7,042	24,047	16,549	5,626	72,078
28	6,055	24	6,607	23,433	17,958	5,605	74,032

出所：富山県酒造組合へのインタビュー調査時の配布資料。

これら4つ以外にも，⑤大手酒造業者がもたらした桶取引の影響という問題がある。この問題について，二宮氏は，「灘・伏見の大手酒造業者の売上が伸長し，自家酒の不足を事後的に補う桶取引が盛んにおこなわれるようになった。ただし，製品・生産技術の革新により，清酒は均質化・同質化し，桶取引はスポットの市場取引によって行われ，次第に供給過剰が常態化した[3]」としている。つまり，大手酒造業者は自社製造の清酒不足を補うために，地域酒造メーカーからの清酒の桶買いを強めていったのである。また，これに対し，地域酒造メーカーも自らのブランドで販売するのではなく，清酒造りに専念できる，大手酒造メーカーへの桶売りに依存するようになる。その結果，多くの地域酒造メーカーはプロモーション活動を行わなくなった。

以上，全国の地域酒造メーカーが直面している主な5つの問題点をみてきた。では今後，地域酒造メーカーを活性化させるうえでの対策とはどのようなものがあるだろうか。

吉岡氏は次のような対策をあげている[4]。①地域酒造メーカーで一般的に用いられている対策は"地酒への特化"であり，これは大手酒造メーカーの均質化商品に対抗する策である。②新しい顧客層の開拓が必須であり，その顧客とは「若者層」と「女性層」である。③自社製品の銘柄別に製造・流通コストを把握し，価格を設定する。④駐車場経営など酒造り以外の事業で経営を維持させるのではなく，日本酒を主力商品として経営を成り立たせていく。⑤長年ラベルのデザインも取引価格も，取引ロットもリードタイムも変えていないケースが多く，これらの改善・改良が必要である。以上をあげたうえで，同氏は「着実な拡大再生産の準備は不可欠なのであり，その代表的な切り口が，現代未開発消費者をターゲットにした付加価値商品の開発と，このターゲットに開発商品をよく理解して買ってもらうシステムづくりである[5]」としている。

ここでは全国の地域酒造メーカーの問題点と対策についてみてきた。次の節で富山県の清酒業界についてみていくことにする。

第2節　富山県における清酒業界の現状[6]

1　富山県における清酒の特徴と地域酒造メーカーの状況

　富山県の清酒の特徴を富山県酒造組合では次のように説明している。
　「富山県の地形は，富山市を中心に半径50kmの範疇に収まり，交通の便は他県より良い。北アルプスの3,000m級の立山連峰から流れ出る水は，富山湾の海底1,000mまで，つまり約4,000mの高低差を，距離にして約40〜50kmを伏流水として流れ出る。富山県では至る所に名水が湧き出ており，栄養分豊富な水は日本酒の仕込水として使用される。この平野で作る酒米は，他県の追随を許さない。水，米，そして酒造りにかける人々により，"富山の酒"は醸し出される[7]」。なお，富山県では4か所が "名水百選" に，さらに "平成の名水百選" にも新たに4か所，計8か所が選定されており，全国最多となっている。このように富山の清酒は恵まれた自然環境の中で造られていることがわかる。
　富山県の酒造メーカーが使用する酒造好適米の使用割合は全国1位である。富山県酒造組合の報告書である「日本酒業界の現状」によると[8]，清酒全体における酒造好適米使用割合は86.9％となっており，全国の割合が32.0％であるのと比較すると，その数値はかなり高いことがわかる。さらに特定名称酒においては，93.1％と高い使用割合になっている。
　山田錦，五百万石，雄山錦，美山錦などの米を，"酒造好適米" といい，それは清酒造りに適した性質をもつ，清酒造り専用米の品種といえる。一般米に比べて高価なため，高級清酒のみに使われることが多い。しかし富山の清酒には酒造好適米の使用率が高く，贅沢な嗜好品に仕上がっている。
　次に酒造メーカーと製造状況についてみていくことにする。富山県には地域酒造メーカーである酒蔵が20件あり，そのうち立山酒造（株）を除く，19の酒蔵が富山県酒造組合に加入している。それら19とは，①林酒造場，②皇国晴酒造（株），③銀盤酒造（株），④本江酒造（株），⑤千代鶴酒造（資），⑥（株）桝田酒造店，⑦富美菊酒造（株），⑧吉乃友酒造（有），⑨福鶴酒造（株），⑩玉旭

酒造（有），⑪髙澤酒造場，⑫（有）清都酒造場，⑬戸出酒造（有），⑭若鶴酒造（株），⑮吉江酒造（株），⑯黒田酒造（株），⑰（名）若駒酒造場，⑱成政酒造（株），⑲三笑楽酒造（株）である。ただし，⑬戸出酒造（有）と⑯黒田酒造（株）に関しては清酒の製造をしておらず，周辺の酒造メーカーから清酒を購入し販売している。

　富山県における2016（平成28）年度の清酒出荷量（課税移出数量）は6,055kℓであり（図表5-1），その中の約1／2を立山酒造（株），約1／4を銀盤酒造（株）が製造販売している。したがって，残りの約1／4を富山県酒造組合に加入している16の酒造メーカーが清酒の製造を担っていることになる。次に富山県における自県出荷清酒の消費率についてみていきたい。

図表5-2　2015年度　自県出荷清酒の消費割合

順位	都道府県	消費数量（A）	自県出荷数量（B）	割合（B／A）
1	新　　潟	24,149	23,481	97.2%
2	兵　　庫	23,315	19,888	85.3%
3	京　　都	13,161	10,513	79.9%
4	秋　　田	8,006	5,738	71.7%
5	富　　山	7,042	4,384	62.3%
6	山　　形	7,447	4,595	61.7%

出所：富山県酒造組合「日本酒業界の現状」，2018年1月，p.4をもとに筆者作成。

　図表5-2の「自県出荷清酒の消費割合」から伺えるように，富山県の自県出荷は62.3％で全国5位となっている。富山県民は県内で造られた清酒を好んで消費している傾向にあることをこの図表は示している。また国税庁の統計によると[9]，2015年度の成人1人当たりの清酒消費量は，富山県が7.9ℓで長野県と並び6位である。山形県と福島県が並んで4位となっているものの，その消費量は8.0ℓであり，ほとんど消費量に差はない。

　以上，富山県で造られた清酒は自県で消費されている。また県民一人当たりの消費量も多く，全国の上位を占めている。そのため，富山県における清酒の流通経路は，酒造メーカーから県内の酒問屋へ清酒を出荷し，その後，県内の

酒屋や飲食店，そして消費者へと届くパターンが一般的に多く存在する。このように，富山県の酒造メーカーの多くは酒問屋に依存しているのである。

次に富山県における清酒業界の課題についてみていくことにする。

2　富山県における杜氏の後継者問題

全国には現在も次のような杜氏集団がある[10]。

　　東北地方　—　南部杜氏（岩手県），山内杜氏（秋田県）

　　甲信越地方　—　越後杜氏（新潟県）

　　北陸地方　—　能登杜氏（石川県），越前杜氏（福井県）

　　近畿地方　—　丹波杜氏（兵庫県），但馬杜氏（兵庫県）

　　中国地方　—　広島杜氏（広島県）

　　九州地方　—　三潴杜氏（福岡県）

このうち秋田県，新潟県，広島県の杜氏は地元の酒造メーカーでの雇用が多いが，伏見や灘などの大産地は遠くから杜氏を招いていたようである。富山県では能登杜氏，南部杜氏，越後杜氏，但馬杜氏を4大杜氏集団と呼び，酒造メーカーに招いていた。その4大杜氏集団も今では縮小傾向にあり，それは後継者不足という問題を生じさせることとなった。杜氏の多くは農家や漁師であり，仕事の少ない農閑期・漁閑期である10月中旬～4月中旬に，家族全員で住込みとして酒造メーカーへ出向き寒造りに励んでいた。しかし，現在，家族全員での住込みを行うことを好まない人も少なくなく，杜氏の後継者の結婚相手が見つからない，杜氏の息子・娘夫婦が酒造メーカーへ一緒に行くことを嫌う，などが後継者問題の原因となっている。ここで問題となるのが各酒造メーカーの伝統的な味である。各酒造メーカーの清酒の味は，すなわち杜氏の味であり，従来，杜氏の家族が伝統的に引き継いできた。つまり，酒蔵の経営者が引き継いできたわけではない。富山県の多くの酒蔵では，幸い杜氏の後継者として息子・娘ではなく，蔵元（経営者）の長男が引き継ぐケースが増え，後継者問題も落ち着いてきた。

現在，16の酒造メーカーのうち，4つの杜氏が季節労務者，6つが蔵元杜氏，

そして6つが従業員による杜氏である。また杜氏の所属組合は富山, 新潟, 能登であるが, それは現在の杜氏の師（前杜氏）が, 新潟や能登からの杜氏集団であったことが影響している。

3　富山県における清酒の消費量に関する課題

次に富山県における清酒の消費量についてみていきたい。酒類全体の消費量は, 1983（昭和58）年度の62,450kℓから増加傾向にあり, 1995（平成7）年度の87,757kℓをピークに減少し, 2016（平成28）年度には74,032kℓとなっている。ただし, 2009（平成21）年度以降, 消費量の減少傾向は落ち着きを取り戻したようにみえる。酒類の消費量を1983年度と比較すると, 2016年度の方が多いことがわかる。では, 清酒はどうであろうか。

清酒の消費量は1983年度の19,835kℓから減少傾向にあり, 2016年度には6,607kℓにまで落ち込んでいる。つまり, 清酒は約1／3まで落ち込んでいることがわかる。その逆に, 1983年度におけるリキュール, 焼酎の消費量がそれぞれ116kℓ, 637kℓから2016年度には17,950kℓ, 5,605kℓまで増加している。このことから, 富山県の酒類の消費量が大きく変化したのではなく, 消費の内容が変化, すなわち清酒からリキュールや焼酎へと移行したことがわかる。近年, アルコール度数が低く, 女性や若者に人気のあるリキュール類の消費量が伸びており, 清酒は減少傾向にある。

4　富山県酒造組合の取り組み

ここでは富山県酒造組合の取り組みについてみていく。同組合の活動としては, 組合に加入している酒造メーカーと清酒をPRすること, そして各酒造メーカーへの情報提供が, その多くを占めている。同組合の目的は, 現在の清酒消費量と酒造メーカーの数を維持することである。

同組合の大きな取り組みの1つに, 「とやま　ちどりの会」の設立がある。ちどりの会は, 同組合によって女性にも清酒を楽しんでもらいたいという願いから2014年12月に設立された, "日本酒を愛するとやま女性の会"である。こ

のちどりの会では，試飲イベントを年3回開催している。2014年12月の設立会から2017年12月までに，試飲イベントを10回開催してきた。これまでの試飲イベントでは，蔵元への質問会，鋳物酒器での味わい会，酒造メーカー見学と日本酒カクテル会，アフリカ音楽演奏会など，清酒の新しい楽しみ方の提供に取り組んできた。設立当時は約190名であった会員も，2017年4月には約380名となっており，順調な増加傾向にある。このように同組合では，女性の会を設立し，女性向けのイベントや女性限定の試飲会を開催することで，新たな市場の開拓や清酒離れを防ぐことに努めている。

また同組合は，「とやま駅ナカ酒BAR」有料試飲会の開催にも携わっている。これは2017年より始まったイベントであり，富山の地酒ファン倶楽部，北陸酒販，チューリップテレビ，そして同組合の共催による「地酒を飲み比べできるBARの開設」である。内容は富山駅のコンコース（南北自由通路）にて，新酒を一杯200円，二杯300円でショット販売，また同時に食材の肴を300〜500円で販売した。2018年は3月までに同イベントを3回実施している。このイベントを通じて，地域の人々に富山の地酒の魅力をより身近に，楽しく・深く知ってもらうだけでなく，観光客や新幹線利用客など新たな顧客獲得に努めている。

その他，東京日本橋にあるアンテナショップ「とやま館」では，試飲コーナー「トヤマバー」を設け，その周辺地域や富山県から関東へ移住した人を対象としたプロモーション活動を展開している。

以上，富山県酒造組合では，現在の富山県における清酒の消費量と酒造メーカーの維持，そして零細規模の酒造メーカーに代わってプロモーションのために，さまざまな活動に取り組んでいる。

次の節で，富山県の酒造メーカーである吉乃友酒造の販売戦略について概観する。

第3節　吉乃友酒造（有）における販売戦略[11]

1　吉乃友酒造の概要と商品特徴

　吉乃友酒造は1877年に創立した地域酒造メーカー，いわゆる老舗の酒蔵である。「吉乃友」という会社名の由来は，蔵元である吉田家の「吉」を指し，「友」は酒を酌み交わす友達を意味している。同社の特徴として，1960年代より他社に先駆けて米だけを原料とした「純米酒」の製造を開始した。1980年代中頃にはその製造比率が50％を超え，さらに現在では製造量の100％が純米酒である。つまり，富山県で一番，純米酒にこだわっている。

写真：吉乃友酒造の店舗前景

提供：吉乃友酒造。

主力商品には，山田錦，五百万石，雄山錦など富山県産米が使用されており，また仕込み水として，同社の敷地内にある井戸から，立山連峰の伏流水である常願寺川水系の軟水をくみ上げている。このように，同社は"米"，"水"，そして"純米酒"にこだわった贅沢な清酒を造る酒造メーカーである。
　同社の代表銘柄は「よしのとも」であり，その理念を"良心的な酒を造り，皆様に気軽に楽しく飲んでいただくこと"としている。そのため，以下の5点にこだわり，商品開発，商品価格，飲酒シーンの提案を行っている。

ⅰ）　純米酒本来の「旨さ」を味わい，できるだけ幅広いジャンルの料理と調和すること。
ⅱ）　飲み飽きしない酒であること。
ⅲ）　飲むほどに「良さ」「旨さ」がわかり，もう一度飲みたくなるような酒質であること。
ⅳ）　お燗をしても味のバランスが崩れず，むしろお燗をした時に最も旨くなること。
ⅴ）　晩酌に毎日飲めるような身近な価格設定であること。

　次に，清酒の出荷量および酒造メーカーの減少傾向について杜氏が感じてきた富山県における酒造メーカーへの影響要因についてみていくことにする。

2　富山県の酒造メーカーへの影響要因

　杜氏が実感してきた富山県の酒造メーカーへの影響は次の通りである。

(1) 規制緩和による酒類の取扱先増加

　1980年代以降，酒類小売業の大規模化とチェーン化により，各酒造メーカーからの大量集中仕入れが行われるようになった。その結果，小売店の仕入先は主に大規模酒造メーカーに集中し，その一方で，中小零細の酒造メーカーからの仕入れは減少した。
　また中小零細規模の地域酒造メーカーの販売先は主に地域（県内）の酒屋（酒類小売業）であった。地域の酒屋は御用聞きとして各家庭を回って醤油や清酒

を販売していた。しかし，2000年には酒類小売免許の距離規制，そして2003年には人口規制が廃止され，これらの規制緩和により，大型商業施設や酒類チェーン小売業などの取扱い先が増えた。消費者は購入先を地域の酒屋から新たな商業形態へと移行した。中小零細規模の酒造メーカーは，主な取引先であった地域の酒屋をなくし，減少の一途をたどることとなった。

(2) 過剰投資

富山県の清酒業界においては，1970年代初頭まで月桂冠の桶売りとして清酒の出荷量が増加傾向にあった。また県内の酒問屋にも多くの量を出荷していた。そのため，当時，多くの酒造メーカーが将来の出荷量の増加を期待し，過剰投資を行っていた。しかし1973年のピークを境に清酒の消費量は減少傾向に転じた。それまでの設備投資にかかった資金の回収が困難となり，積極的に規模拡大を図った酒造メーカーが廃業に追い込まれる結果となった。

清酒造りの特徴として，米を購入するのは前払い，お米がお酒になり，さらにお金になるのは1～2年後である。このように清酒業界は資金の面で，すぐには対応することが困難といえる。

(3) 娯楽施設の増加

従来，富山県では休日や余暇時間に"娯楽の1つとして日本酒を楽しむ"という家庭も少なくなかった。しかし，ボーリング，カラオケ，映画館等の娯楽施設の増加に伴い，娯楽の内容に変化がみられるようになった。特にショッピングで消費者を楽しませるという娯楽的要素を有する大型商業施設の登場は，酒造メーカーの経営に対して大きな打撃となった。

(4) 酒類の増加

バブル経済にはワイン，ウイスキー，ブランデー，また90年代半ばには缶チューハイ，低アルコール（ほろ酔い）などのリキュール類が登場した。酒類の消費量に大きな変化はみられないものの，消費者の関心が清酒から新たに登

場した酒類へと移行した点は大きい。

(5) 選挙活動と清酒

従来，選挙に日本酒はつきものとされてきた。国，県，市町村のものまで入れると，年に1回程度は選挙が行われていた。地区の人が選挙で当選した時はもちろんのこと，事務所開きにも"地区"の住民が"地区"の酒造メーカーで清酒を購入して持ち寄っていた。近年，選挙活動における清酒の提供は，収賄とみなされ，日本酒の販売量が大きく低下した。そのため，現在では酒造メーカーが減少し，地区ごとに存在していない。

(6) 贈答品の減少

バブル経済から比較すると，お歳暮やお中元を贈る家庭や企業が減少傾向にある。また贈答品の清酒といえば1升瓶サイズが標準であったが，消費者のニーズが4合瓶へと移行した。しかも今日では贈答品の種類も増加し，その選択肢も拡大している。そのため，贈答品として清酒が選択される機会も年々減少傾向にある。

以上，6つが富山県の酒造メーカーの経営に対して大きな影響を与えてきた主な要因である。このように清酒の消費量が減少する今日において，同社はどのような販売戦略を策定しているのか，その内容をみていくことにする。

3 清酒の流通経路

同社の出荷先の内訳は，県内が約5割，県外が約5割となっている。県内での出荷先は，問屋が約7割，酒屋や飲食店が約3割という内訳である（図表5-3）。県内の商品流通に関しては，基本的に開放的チャネル政策を採用している。つまり，同社商品の市場を可能な限り広範囲に拡大できるように，流通業者を選択・差別することなく，広く開放して取り扱いを問屋に任せている。

このメリットは問屋が水平的にも垂直的にも複数介在する長いチャネルになり，不特定多数の酒屋や飲食店が同社の商品を取り扱ってくれることになる。

第5章　富山県の酒造メーカーにおける販売戦略

これにより同社の商品が市場で消費者の目に触れるチャンスが広がり，結果として同社の商品に対する購買機会が増加する。県内では多くの量を消費してもらうことを目的としており，1992年まで使用されていた級別制度で例えるならば，1もしくは2級酒の販売が多くなっている。また問屋と取引関係のない酒屋や飲食店に対しては，同社が営業活動をし，直接取引を行う。問屋について，北陸地域の流通に関してはカナカン株式会社，県内のみの流通に関しては北陸酒販株式会社と日本海酒販株式会社を出荷先としている。

図表5-3　県内における清酒の流通経路

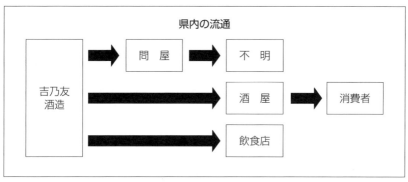

出所：吉乃友酒造へのインタビュー調査をもとに筆者作成。

図表5-4　県外における清酒の流通経路

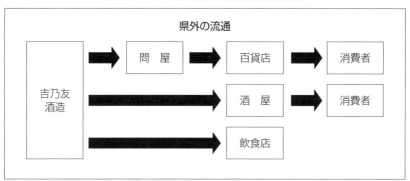

出所：吉乃友酒造へのインタビュー調査をもとに筆者作成。

県外の出荷先の内訳は，約2割が問屋経由で百貨店，残りの約8割が酒屋や飲食店に対して同社による直接販売となっている（図表5-4）。なお，取引先となった酒屋や飲食店への配送コストは同社の負担である。県外の商品流通に関しては選択的チャネル政策を採用している。選択基準は，商品に対する理解力，販売力，そして同社の商品を率先して販売してくれるなどであるが，それよりも同社の商品を取り扱ってくれる業者の「顔」が明確である点に重きをおいている。この政策の目的は，同社の酒類がどこでもすぐに手に入れられる「大衆化した酒類」になることを防ぐことである。そのため，同社では問屋経由で酒屋や飲食店に商品が流通しないように心がけている。価格競争では不利となる大手酒造メーカーの均質化商品への対抗策として，同社は地酒にこだわり，「貴重で品質の高い酒類」を生産し，そのブランド力を高める努力をしている。なお，取引先の多くは，同社の商品の噂を聞いて，また商品に理解を示し，問い合わせをしてきた酒屋や飲食店である。

　百貨店との取引の場合は，国分グループ本社株式会社，日本酒類販売株式会社，伊藤忠商事株式会社，そして株式会社秋田屋などが出荷先となる。百貨店との取引の場合，必ず問屋を経由させる必要がある。百貨店での販売は，銘柄，味，こだわりを顧客に知ってもらうためのコミュニケーション活動，貴重で品質の高い酒類としてのイメージ形成，品質保証，価格維持，固定客の獲得を目的としたブランド力を高めてくれるという同社にとっての利点がある。顧客とのコミュニケーション活動について，同社は年間に5～6回程度，全国の百貨店を回り，酒類販売部門で試飲販売のイベントを行っている。そこでは杜氏が直接，消費者と会話することで，商品に関する情報収集を行い，商品開発につなげている。また試飲販売で同社の清酒を気に入り，取引先となる酒屋や飲食店も多い。このように百貨店で清酒を取り扱ってもらうことは同社にとって重要な戦略の1つである。ただし，すべての酒造メーカーが百貨店と取引できるわけではなく，そのためには，問屋からの紹介やバイヤーとの交渉，そして販売実績（百貨店から提示された売り上げ目標額の達成）などが必要である。

4 新たな挑戦

　新たな商品開発として，同社では清酒の通年商品と季節商品以外に県産の果物を使用したリキュールを開発・販売している。富山県産米で造った純米酒と富山県産の梨を使用した「梨のお酒」，純米酒に梅の実を漬け込んだ「純米酒仕込梅酒」，これらは純米酒ベースのリキュールである。その他にも，ブルーベリーやイチゴのお酒なども期間や数量は限定であるが販売している。また，清酒で使用する酵母にも注目しており，2013年に富山県農林水産総合技術センター食品研究所が開発した富山県魚津市のリンゴ（ふじ）花から分離した酵母を使用した商品「林檎の誘惑」も販売している。

　このように既存商品の販売のみの経営ではなく，新たなターゲット層を開拓し，それに適応した商品開発を行っている。女性を主なターゲットとしたリキュール類のラベルに関しては，地域の高等教育機関の女子学生のデザインを採用するなど工夫を凝らしている。

　今後の取り組みについて，地域の農家との共同による清酒造りを進めることでトレーサビリティーの徹底を図る方針である。現在は市場からの食に対する安心・安全の要請が強まる時代であり，それは清酒業界においても同じと考えている。また清酒の海外輸出も視野に入れており，その場合は産地証明などの情報公開が義務づけられる。今後は，トレーサビリティーについて細かくチェックするバイヤーが増えていくと同社は考えている。このような取り組みの成果もあって，2018年に入り，同社では台湾だけでなく中国本土への輸出も本格的に決まった。

　以上，同社は「純米酒にこだわる酒蔵」，「新たなことに挑戦する酒蔵」として今後も取り組んでいく。

第4節　ま　と　め

　本章では富山県の酒造メーカーを中心に，清酒業界の販売戦略についてみてきた。富山県では自県出荷清酒の消費割合が高く，成人一人当たりの消費量も

全国的にみて高い。そのため，県内の酒造メーカーの多くが，県内の酒問屋に出荷し，その後，県内の酒屋で販売する開放的チャネル政策を選択してきた。しかし，清酒の消費量は全国的に減少傾向であり，酒造メーカーにおいては厳しい状況が続いている。それは富山県においても同じである。したがって，これまでの販売方法では持続的な経営が難しい状況になってきている。

　このような状況下において，地域の酒造メーカーで一般的に用いられてきた対応策が地酒への特化であった。これは大手酒造メーカーの均質化商品に対抗する策である。富山県の酒造メーカーにおいても，その多くが地酒造りに力を入れている。

　富山県は清酒造りに必要な自然環境にも恵まれており，しかも特定名称酒においては酒造好適米の使用割合が全国1位など，贅沢な嗜好品に仕上がっている。しかし富山県の酒造メーカーの多くは規模が零細であり，プロモーション力が相対的に弱い。

　富山県の主な酒造メーカーのプロモーションを担っているのが，富山県酒造組合である。組合の活動は，組合に加入している酒造メーカーと清酒をプロモーションすることであり，目的を現在の清酒消費量と酒蔵の数を維持することとしている。同組合は清酒の消費量が減少する中，女性限定の試飲会，観光客や新幹線利用客などをターゲットとした駅周辺での有料試飲会などを開催することで，新たな客層や市場を開拓している。

　富山県においても自社の力で，販売戦略に取り組む企業もある。本章ではそれら企業の中でも，吉乃友酒造を事例として取り上げた。同社は県内のチャネルに関しては，県内の酒問屋を介して県内の酒屋や飲食店に商品を流通させている。しかし同社は県内だけでなく，県外にも販売ルートを広げる努力をしてきた。同社の特徴としては百貨店での販売を強化している点である。百貨店での試飲会のイベントへは杜氏自らが赴いてきた。百貨店での販売はブランド力を高めるだけでなく，顧客とのコミュニケーションの中で，商品に関する情報収集を行い，商品開発につなげている。その他にも，同社ではトレーサビリティーを徹底させる方針であり，それは今後，海外への輸出を見据えてのこと

である。

　清酒の流通チャネルに関しては，全国の多くの酒造メーカーが，酒問屋に依存し，販売のすべてを任せてきた。しかし，日本国内の清酒の消費量は年々減少傾向にある。このような時代においては，単なる酒問屋への依存ではなく，共同・連携によるチャネルの構築，さらには酒造メーカー自身による独自の新たな市場の開拓が必要とされている。

　現在，新市場開拓の1つとして，将来的に海外への輸出を考えている地域酒造メーカーは少なくないはずである。今回，事例にあげた吉乃友酒造は従業員2名，アルバイト1名の酒造メーカーであり，新たな挑戦への取り組みは企業規模の問題ではない。

　最後に，富山県の各酒造メーカー，そして富山県酒造組合の取り組みが結実することを祈念したい。

謝　辞

　本章にあたり，吉乃友酒造（有）の廣島達彦氏に，また富山県酒造組合事務局長の田近清光氏にインタビューのご協力を賜りましたこと，心より感謝申し上げたい。

（注）
1) 吉岡洋一「地域伝統産業の生きる道は具体的な消費者起点への立ち返りと体制づくりから」，流通ネットワーキング，No.305，日本工業出版，2018年，pp.60-61。
2) 松川隆志「酒類流通のパラダイムが変わった新時代の方向探る日本酒類販売」，総合食品，No.27(10)，総合食品研究所，2004年，p.17。
3) 二宮麻里『酒類流通システムのダイナミズム』有斐閣，2016年，p.179.
4) 吉岡洋一，前掲論文，pp.62-63。
5) 同上，p.63。
6) 2018年2月27日（火）9:00～11:00に富山県酒造組合にて事務局長の田近清光氏にインタビューした内容をまとめたものである。
7) この内容を富山県酒造組合の田近氏は，ご講演やプロモーション活動の際に，富山県の清酒の特徴として説明されている。
8) 富山県酒造組合「日本酒業界の現状」，2018年，p.3。
9) 同上，p.5。

10) 吉田元『近代日本の酒づくり』岩波書店，2013年，p.198。
11) 2018年1月7日（日）13：00〜17：00に吉乃友酒造（有）にて杜氏の廣島達彦氏にインタビューした内容をまとめたものである。

（参考文献）
(1) 石井淳蔵・加護野忠男編著『伝統と革新』千倉書房，1991年。
(2) 鈴木芳行『日本酒の近現代史』吉川弘文館，2015年。
(3) 藤原隆男『近代日本酒造業史』ミネルヴァ書房，1999年。
(4) 森本隆男・矢倉伸太郎共編『転換期の日本酒メーカー』森山書店，1998年。
(5) 宇賀神重治「清酒メーカー流通チャネル戦略」日本醸造協会誌，No.88，Vol.1，1993年，pp.9-13。
(6) 大崎恒次「酒類卸売業の構造変化と再編成過程：1980年代から2000年代に注目して」流通問題，No.50(2)，流通問題研究協会，2014年，pp.14-23。
(7) 佐久間治郎一「生酒の流通について」日本醸造協会誌，No.82，Vol.7，1987，pp.472-474。
(8) 佐藤淳「酒類産業における失われた20年に関する考察－需給ミスマッチとその解消－」日本大学大学院総合社会情報研究科紀要，No.18，2017年，pp.13-21。
(9) 酒販店経営編集部「取材構成　蔵直＆マージンの実態と問題意識」酒販店経営，19(3)，2007年，pp.29-31。
(10) 南方建明「酒類小売規制の緩和による酒類小売市場の変化」大阪商業大学論集，No.6，Vol.1，2012年，pp.35-52。

第6章　中小農業機械メーカーの流通チャネル
－岡山県を中心に－

第1節　日本の農業機械の現状

　日本国内における農業機械市場は，日本農業機械化工業会（以下日農工）の最新データ（2017年）によると，出荷額ベースで4,741億円であり，対前年比109.3％になっている。次に，農機具は，トラクタ，耕うん機，田植機，防除機，刈払機，コンバイン・バインダ，脱穀機・籾すり機，乾燥機，米選機，精米機・コイン精米機，カッター，農用運搬車の15に分類される。最も需要のあるトラクタの機種・パワー別に確認すると，トラクタは,20～50馬力（PS）の小型・中型機械が減少している反面，50PS以上の大型機械が増加している状況にある。このことから，農業機械は，小型・中型機械の出荷台数が減少し，大型化の傾向にあると考えられる。

図表 6 - 1　平成29年（2017）機種別生産実績，生産額，生産台数の概算

単位：億円，台数：1000台

	生産額	対前年比	生産台数	対前年比
ト ラ ク タ	2,448.8	107.7	132.9	102.4
耕 耘 機	153.0	94.4	117.9	96.2
田 植 機	331.1	105.2	23.6	108.7
防 除 機	144.3	113.2	166.4	98.6
刈 払 機	164.4	95.5	950.3	93.3
コ ン バ イ ン	770.9	131.8	16.2	120.8
バ イ ン ダ	3.8	106.4	1.2	103.1
動 力 脱 穀 機	2.2	99.2	0.5	97.9
籾 す り 機	61.2	126.8	11.2	116.7
乾 燥 機	140.4	99.5	13.4	99.8
カ ッ タ ー	12.4	106.4	14.2	108.0
精 米 機	8.0	93.2	10.2	100.5
コイン精米機	20.7	82.4	0.7	83.4
米 選 機	20.9	97.5	10.7	99.7
農 用 運 搬 車	34.7	99.3	11.7	98.7

出所：日農工調べ。

　この中で農業機械メーカーは，大きく2つに分類することができる。トラクタ，田植機，コンバインを製造するメーカーを総合メーカー，大手農業機械メーカーといい，クボタ・ヤンマー・井関農機・三菱マヒンドラ農機の4社が該当する。作業機・専用機などを製造する中小作業機メーカーは，64社で構成されている[1]。まず一般的なチャネル構築過程を概観し，大手農業機械メーカーのチャネルの変遷過程を明らかにし，岡山県の中小農業機械メーカーのチャネル変遷過程を明らかにする。

第2節　岡山県の農業と農機

1　岡山県の地域特性と農業

　本節では，なぜ岡山県の農業機械メーカーを取り上げるのか，背景にある気候と農業の側面から説明する。

　岡山県の位置する中国地方は，中央に中国山地によって山陽，山陰に分けることができ，気候も瀬戸内海式気候，日本海側気候に分けられる。岡山県も沿岸の南部と中国山地の北部に大きく二つに分けることができる。北部は寒冷湿潤地区があり積雪がある一方で，南部はまったく積雪がないなど，気象条件が大きく異なる。この条件を背景として，南部はもも，ぶどう，マスカットに代表される果樹，い草，米，北部は，肉用牛，乳用牛の飼育，養鶏など様々な農業をみることができる。果樹では，全国有数の生産，そしてブランド力を誇り，ぶどうは全国順位が4位，ももは6位である[2]。米は21位であるが酒米も盛んに生産され，米の裏作として二条大麦は4位を誇っている。また北部では酪農，畜産も盛んであり，千屋牛は日本最古の蔓牛（系統牛）の血統を受け継ぐ黒毛和種で，全国の和牛ブランドのルーツといわれている[3]。岡山県全体の農家が1年間に作った農作物を販売した時の総販売額である農業産出額では，全国順位の23位，中四国で1位である。このように岡山県の農業の発展要因として，福田（1985）は，①伝統的に土地改良に取り組んできたこと，②農業の担い手が企業的な視点に立ち，自ら技術革新に努めたこと，③自然的・社会的な好条件，④古くから進められた農業教育の推進をあげている[4]。

2　児島湾干拓と農業機械の導入

　日本における最初の農業機械の導入は，決して岡山県ではない。しかし戦前までは，牛馬を使う畜力から歩行トラクタ，乗用トラクタへと進化する最も先進的な機械化農業が岡山県で行われていた。

　日本における農業機械すなわちトラクタの普及は，明治期・1909年に岩手県

雫石町の小岩井農場で始まり，1911年に北海道斜里町の三井農場に導入された。その後，1918年に札幌市の谷口農場，1919年に岡山県の藤田農場に導入された。このように日本における農業機械の導入は，米国製トラクタを，農家ではなく民間の大規模農場を中心に行われた[5]。その中で，早くから機械化が行われた北海道を差し置いて岡山県は，戦前日本一の機械化地域と呼ばれた。この背景として，児島湾の干拓によってできた村である藤田村（現岡山市南区），興除村（現岡山市南区）の存在が大きい。藤田村は戦前に民間農場として最大規模であった藤田農場が大部分を占め，隣接する興除村も大規模農業が展開された。大槻（1954）は，興除村の特徴を経営耕地面積が広い，土地の生産力が高い，大部分が小作農で労働コストを低率に抑えられていると指摘し，好条件で機械化が進展したとしている[6]。

また吉岡（1939）は，興除村が恵まれた自然的・技術的条件と有利な社会経済的条件によって先進地区になっていたとしている。このように戦前の文献からもいかにこの地区が進んでいたが理解できる。

児島湾干拓事業は，17世紀から始まり，主に岡山藩によって進められ，明治期からは，オランダ人技術者・ムルデルによる先進技術を導入し進められたが，資金難に陥った。1884年，干拓事業は，現在の同和ホールディングス（旧同和鉱業），ワシントンホテルなどを展開する藤田観光の基となる藤田財閥の創始者・藤田伝三郎に引き継がれた。藤田は，藤田組により干拓を進め，藤田農場を経営する。藤田農場では，複雑な小作制度や過酷な労働条件により，たびたび労働争議なども起こったことでも知られている。藤田農場は，このような問題を解消するため，なによりも人力，家畜では限界のある大規模化された農地を耕すため，省力化，すなわち機械化を推進した。機械化は，水に対する対策から始まった。干拓地における稲作は，あまりにも広い土地のために，多くの水を必要とし，流入する河川では間に合わなかった。その一方で用水路から流入する海水の排水にも悩まされ，利水と治水の両面で多くの壁が立ちふさがった。特に1924年の干ばつを契機に，石油発動機によるバーチカルポンプを使う揚水がさかんになり，生産段階への機械化を進めた。

また藤田農場自ら農機開発部門を持ち，脱穀機を載せ，水路を移動できるようにした脱穀船など独自の農業機械[7]，器具の開発や欧米製農業機械のメンテナンスや改良を行った。この背景として，宮崎大学古池壽夫名誉教授は，「平坦で機械を導入しやすい反面，海の底だったため，粘土質で耕作には不向き。ハンディを克服するために機械が開発された」としている[8]。

　藤田農場周辺の干拓地でも，機械化は進展し，周辺地域には鍛冶屋から派生し修理を行ういわゆる農機修繕業が多く生まれる。欧米トラクタに刺激を受けた農機修繕業であった西崎浩は，1925年に国産トラクタ「丸二式自動耕耘機」を完成させ，戦後，セイレイ工業（現ヤンマー農機製造）の基礎となる藤井製作所の藤井康弘は，1932年にはロータリー式耕耘機「幸運機」を完成させた。またヤンマーの創業者である山岡孫吉は，干拓地のバーチカルポンプを視察し，小型石油エンジンの開発を思いついたとされる。このように，戦前において最先端といえる機械化された農業が行われた児島湾干拓地が，岡山県の農業機械開発の下地を作ったといえる。

　この背景により，岡山県は，農業機械製造業の集積地になっている。工業統計表を見ると，事業所数では大阪府，北海道に次ぐ全国3位，出荷額では茨城県，大阪府，栃木県に次ぐ全国4位，従業員数では茨城県，大阪府に次ぐ3位になっている[9]。

第3節　中小農業機械メーカーのチャネル構築

1　流通チャネルの構築

　一般的にメーカーは，自社製品を意図したとおりに，適切な時期，適切な数量，適切な価格，適切な場所で販売できるようにするためにチャネルを構築する。チャネル構築の方法として，中間流通を何段階にするかを検討する長短，何本のルートにするかである広狭，取扱基準などを定める開閉を決めなくてはならない。

　長短の類型として，取扱の製品別に以下に分けることができる。まず消費財

の第一類型は，メーカーから消費者，第二類型は，メーカーから小売，消費者，第三類型は，メーカーから販売会社，小売，消費者，第四類型はメーカーから卸売（1次・2次），小売業者，消費者へと流れる類型である。産業材では，第一類型はメーカーからユーザー，第二類型はメーカーから卸売業者，ユーザー，第三類型は，メーカーから販売会社または代理店，卸売業者，ユーザーに分類できる。本研究で取り上げる農業機械は，産業材に該当し，第三類型に該当するが，農協，小規模農機店を介するチャネルも存在するため，特殊なものになっている。

　チャネルの広がりである広狭の類型として，一本のルートである単一チャネル，2本である二重チャネル，多数・複数チャネルの3類型がある。農業機械メーカーは，多数・複数チャネルに当てはまる。

　そして，チャネルの幅である開閉を決めなければならない。開閉とは，メーカーの次の段階である卸売や小売について，自社製品販売における協力度によって判断し，3類型に分類できる。3類型とは，無条件で扱わせる開放型，協力企業にのみ扱わせる選択型，少数または1社に地域の独占営業権を与える専売型である。農業機械メーカーでは，選択型に該当する。

　このような段階を経て出来上がったチャネルは，野放しのままではスムーズに自社製品が流れて行かず，メーカーの販売政策が浸透しないことから，メーカーはチャネルを管理しようとする。チャネル管理の度合いである垂直的流通システム・VMS（Vertical Marketing System）の視点から比較すると，人的・資本的結合がなされた企業型，フランチャイズチェーンやボランタリーチェーンなどの契約型，チャネルリーダーが存在するものの独立の企業同士の取引である管理型の3類型に分類できる。農業機械メーカーでは，企業型，管理型に該当する。

2　大手農業機械メーカーのチャネル構築

　中小農業機械メーカーのチャネル構築事例を見る前に，大手農業機械メーカーのチャネル構築過程を概観する。この理由として，大手農業機械メーカー

4社の出荷額ベースのシェアは,クボタ46%,ヤンマー25%,井関21%,三菱マヒンドラ農機5%の計97%に達し,中小農業機械メーカーもこのチャネルに少なからず依存しているからである。

　日本の農業機械メーカーは,フランチャイズの先駆けとなったとされる米国マコーミックに見られるフランチャイズ制をとらずに,緩やかな形でチャネル構築を始めた。

　クボタを例に見ると戦前,卸売段階を,杉山商店と三菱商事の2社を総代理店として,小売段階は,それらを通じた代理店,特約店に販売を委託する体制をとっていた。しかし1948年からの農業機械販売自由化の動きに合わせ,クボタは「製造から販売・サービスまで一貫して責任を持つ当社独自の販売体制の確立が必要だとする結論に達した」との社史における記載からも,2社との総代理店契約を解除し,卸売を取り込む特約店制に改めた[10]。そして旧杉山商店,三菱商事系以外に鍛冶屋や農業機械店に特約店契約を進めた。しかし,この特約店制度に問題が生じる。特約店は,クボタの製品を販売すると同時に,他社製品も売るいわゆる混売店であることが多く,メーカーの販売政策すなわちチャネルの統制力が行き届かなくなってきた。これらの問題を社史には,脱穀機や籾摺機メーカーとの「二重看板取引」と表現し,クボタは脱穀機や籾摺機,防除機などの品ぞろえを充実させることにより,専売店化を推し進めた。そして有力専売店とメーカーとの共同出資のもとに販売会社の設立を進め,1961年から,1県1社を原則として旭川クボタ農機販売をはじめとして,全国で販売会社（商系ルート）の設立を行った。

　販売会社とは,山内（2010）によると,メーカーの自社製品を,そこを通じて販売する目的で出資・設立した商事会社であるとしている。これによりメーカーは,卸売段階,そして小売段階までの統制力を強め,専属化された販売会社は,商業者としての市場を通じた取引は制限される。

図表6-2　農業機械メーカーの流通チャネル

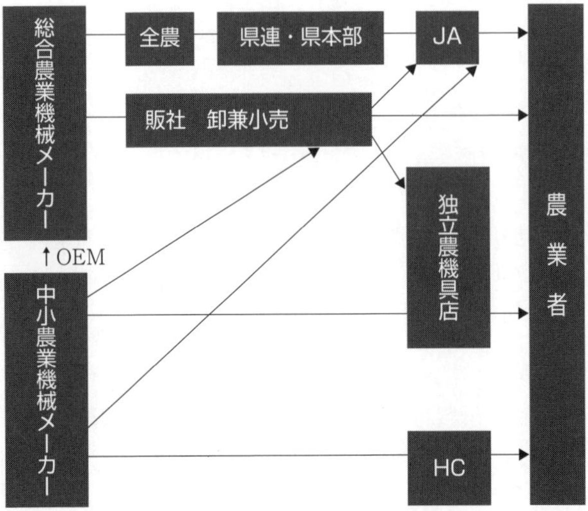

注：HCはホームセンター。
出所：農林水産省「農業生産資材（農機，肥料，農薬，飼料など）コストの現状及びその評価について」（日本経済再生本部産業競争力会議実行実現点検会合第33回産業競争力会議実行実現点検会合配布資料より）。
http://www.kantei.go.jp/jp/singi/keizaisaisei/jjkaigou/dai33/siryou2.pdf（2018年4月28日アクセス）『農業共済新聞』2016年9月28日などをもとに作成。

　大手農業機械メーカーは，選択型チャネルを構築し，専売店から販売会社に転換し，卸・小売の垂直統合を進め企業型により管理したが，依然として複数メーカーを扱う量販店的存在の農協チャネル（系統ルート），独立農機具店チャネルは温存されており，この点は類似したチャネルである自動車との大きな違いであろう。

　2000年代に入りメーカーは，1県1社制を改め統合を進めている。一例を上げると最大手のクボタは，2005年に防長クボタと山口クボタを合併させ，山口クボタとなり，2010年には山口クボタと広島クボタ，岡山クボタは合併し，中国クボタが発足している。そして2017年に中国クボタは，四国クボタと合併し，中四国クボタを設立している。このような1県1販社から，地域販社，そして

広域販社へ再編し，卸売段階への出資比率を上げて管理する動きは，2010年代半ば頃から，他の3社でも行われ，ヤンマーはヤンマーアグリジャパンとして事実上1販売会社に移行している。

3 岡山県における中小農業機械メーカーのチャネル構築事例

次に岡山県の中小農業機械メーカーの中から，みのる産業，ニッカリの2社を事例に，チャネル構築過程を分析する。

図表6-3 みのる産業とニッカリの概要

会社名	（株）ニッカリ	みのる産業（株）
本　　社	岡山市	赤磐市（旧山陽町）
代表者	杉本宏	生本純一
売上高	約71億円	約72億円
創業年	1957	1945
創業者	杉本稔	生本實
主要製品	刈払機，モノレール，電動剪定ばさみ	ポット式田植機・野菜移植機

出所：両社会社案内『2017農業機械年鑑』新農林社，2016，59，60頁より作成。

みのる産業は岡山県赤磐市において生本實が，1945年に食糧増産には，食と職を叶える手短な道として農業機械の修繕店，みのる農産工業所としてスタートした。そして生本は1947年には会社組織に変更し1948年には，牛に引かせ土を耕す爪のようなものであるカルチベーターを開発している。1963年には，大手農業機械メーカーがコンバインを開発していない時代に，遊星式収束型動力刈取機を開発した。1969年には，成苗を根鉢ポットのまま移植し，病害虫に強い生育を実現する，大手農業機械メーカーのマット式田植機とは異なるポット式田植機を開発している。1985年には，これらの技術を応用し，野菜の移植機を開発し，玉葱をはじめ，い草などにも派生製品を展開している[11]。このポット式の技術を応用し，有機農法の推進活動，商業施設などの屋上緑化，壁面緑化事業も展開している。

写真　みのる産業の乗用4条玉ねぎ移植機

出所：みのる産業提供。

　ニッカリは，創業者である杉本稔が，シベリア抑留における草刈りの経験をもとに，これらに似た，い草を刈る作業を軽減できないかと考え，1957年刈取機メーカーとしてスタートした。い草は，現在では熊本県でほとんどが生産されているが，岡山も一大産地であった。い草は，塩分濃度が高い干拓地でも育ち，江戸時代から岡山において盛んに生産されていた。ここでも戦前と同様に干拓地に関する農機メーカーが生まれたといえよう。その後1959年に携帯式万能刈取機を開発，会社組織として日本刈取機工業株式会社を設立した。これらの刈取機から，小型のチェーンソー，電動剪定ばさみと派生製品を開発している。これらの器具は，果樹農家を中心に普及し，これらも岡山県と関連があるといえよう。

　1966年には日本初の農業用急傾斜地軌条運搬機，いわゆるモノレール（製品名：モノラック）を開発した。このモノレールは，ミカンの産地である愛媛県の農業機械メーカーからの共同開発提案を受け，主に傾斜地のミカン農園における運搬用として開発された。モノレールは，ミカンの他にお茶など農業用，がけ崩れなどの災害復旧工事などの資材運搬目的の土木用に用途が拡がり，ニッカリはトップシェアである。

第6章 中小農業機械メーカーの流通チャネル－岡山県を中心に－

写真 ミカン農園で使用されるニッカリのモノレール

出所：ニッカリ提供。

　この両社に共通するチャネル戦略として，第一に，製品別に，開放型，選択型，専売型である3類型のチャネルを使い分け，さらにOEM供給している点である。みのる産業は，大手農業機械メーカーと競合する田植機は，独立農機具店で販売し，大手農業機械メーカーが手薄である移植機等は，メーカー販社を通じて販売，OEM供給をしている。

　ニッカリは，刈払機では農協・農機具店で販売し，大手農業機械メーカーへのOEM供給も行っている。近年，刈払機は，小規模用，家庭菜園向けの用途として，ホームセンターにおいての販売も伸びている。しかしニッカリは，価格競争に巻き込まれることを避けるため，特定のホームセンターに限定する選択型チャネルを採用している。またレールの工事やメンテナンスを必要とするモノレールは，特約店である独立農機具店を経由している。

　第二に卸売部門については，販売会社を設けず自社で内包している点である。チャネル管理の視点から見ると，大手農業機械メーカーの企業型でなく，長年の期待と役割の協調によるいわゆるシステムとして，直接取引関係を構築してきた独立農機具店を中心とした緩やかな管理型を採用している。

　またチャネル戦略を補うものとして，大手農業機械メーカー向けのOEMがあげられる。OEM（Original Equipment Manufacturing）は，相手先ブランド製造といわれ，相手先メーカーの委託に基づいて生産し，自社ブランドでなく，委託先のメーカーブランドをつけさせることを認めた生産体制である。

　OEMの委託側，提供する側に分けメリットとデメリットの存在を，田口

(2017)は以下に指摘している[12]。委託側，ここでは大手農業機械メーカーにとってのメリットとして製品開発，設備投資をするリスクを回避，相手先の量産効果によるコスト低減，ニーズの多様化，ライフサイクルの短縮化に対応，売れ筋を発見できる等を上げている。これらに加えて，品ぞろえの総合化が実現できることがあげられる。また委託側のデメリットとして，製品開発に関する技術・ノウハウが蓄積されない。故障・修理など問題解決能力が不足する。OEMの受託企業がライバルに変化するとしている。

大手農業機械メーカーの側面から見ると，不得意部門を補い総合型の製品ラインを揃えることによって，主力であるトラクタ，田植機，コンバインの業績をあげる意図が考えられる。

OEMを提供する企業，ここでは中小農業機械メーカーにとってのメリットは，生産量確保のコストダウン効果が見込め，チャネル開拓のコスト・リスクの節約につながることである。チャネルの問題としては，中小農業機械メーカーがチャネルとしてきた中小規模の独立系農機具店の減少があげられ，チャネルを補う意図も考えられる。

図表6－4　常時従業者数別農機小売店の推移

店数＼年	1994	1997	2002	2007	2012
総数	8,838	8,820	8,123	7,429	5,335
1～2人	2,615	2,528	2,441	2,294	1,666
3～4人	2,718	2493	2,254	2,075	1,366
5～9人	2,716	2,919	2,714	2,488	1,847
10～19人	661	734	591	483	412
20～29人	82	95	72	61	25
30～49人	35	37	41	21	14
50～99人	11	13	8	6	4
100～人		1	2	1	1

出所：商業統計表，経済センサスを加工。

しかし，ヒアリング調査によると，小規模の独立農機具店を中心に自主廃業は相次いでいるが，他の独立農機具店への事業継承がスムーズに行われ，残っ

た農機具店は事業拡大につながり，中小農業機械メーカーにとってアフターサービスや販売活動には影響が軽微であるとのことである。

　提供する側のデメリットとして，委託先との関係の継続性・安定性について問題があり，委託側ブランド製品とのカニバライゼーション起こす恐れがあるとしている。

図表6－5　競争優位化戦略の体系

競争地位	市場目標	基本政策方針	政策定石
リーダー	シェア 利潤 名声	全方位化	周辺需要拡大 同質化 非価格対応
チャレンジャー	シェア	差別化	上記以外の政策
フォロワー	利潤	模倣化	リーダー・チャレンジャーの模倣
ニッチャー	利潤	集中化	特定市場内のミニリーダー

出所：慶応義塾大学ビジネススクール編　嶋口充輝・池尾恭一・余田拓郎『マーケティング戦略』有斐閣，2004，48頁から作成。

　このように店舗数は減少するものの，残った農機具店の規模拡大により，チャネルへの影響を軽微にしている要因は，大手農業機械メーカーではできない製品展開にあるといよう。そして競争優位化戦略に当てはめると，両社のような中小農業機械メーカーは，ニッチ的な商品が多くニッチャーに位置付けられ，この展開がチャネルを維持でき，またOEMを使うことによって，大手農業機械メーカーとの良好な関係を保つことができ拡大しているといえよう。

　このように岡山県では，日本で最も早く先進的な機械化農業が行われ，国産初の機械を作った農業機械メーカーも多く生まれたが，今日の大手農業機械メーカーは，いずれも岡山県を発祥としてはいない。その理由は，自社販売網の全国展開が遅れ，様々な技術を必要とするエンジンを自社開発できなかったことが大きい。現在日本の農家数は，減少しているが，大規模農業を展開する農家，法人は増加し，大型の機械を生産する大手農業機械メーカーに有利にはたらき，中小農業機械メーカーは不利なように見える。しかし今回取り上げた2社は，技術力に培われた製品戦略により，緩やかなかたちであっても，市場

縮小に耐えうる強固なチャネル構築ができたといえよう。

謝　　辞

　本研究にあたり，多くの団体・企業の方々にご協力をいただきました。JA全農岡山，岡山県庁，JAなすの，日本農業機械工業会，みのる産業株式会社，株式会社ニッカリ，元ノートルダム清心女子大学南智教授にヒアリングに行いました。この場を借りて，御礼申し上げます。

（注）
1) 「第33回　産業競争力会議実行実現点検会合　配布資料」。
http://www.kantei.go.jp/jp/singi/keizaisaisei/jjkaigou/dai33/siryou2.pdf（2018年4月28日アクセス。
2) 「おかやまの農林水産業　元気じゃ農」岡山県農林水産部農政企画課，2017年，pp.17-18。2017年3月現在。
3) JAあしんウェブサイト
http://home.ja-ashin.or.jp/products/#products_chiyagyu　2018年4月1日閲覧。
4) 福田稔・目瀬守男編『岡山県農業論-歴史的展開と将来展望-』明文書房，1985年，pp.25-26。
5) 藤原辰史『トラクターの世界史-人類の歴史を変えた鉄の馬たち-』中公新書，2017年，p.174。
6) 大槻正男『農業経営学の基礎理念』養賢堂，1954年，p.15。
7) 藤田農場農場長・渡辺弁三がB・W式脱穀機，藤田組技師山根省三が山根式揚水機，山根式穀類乾燥機等を発明，大橋一雄，栗田明良「小農経営における水稲の直播栽培-岡山県児島郡藤田村における事例研究-」『労働科学』47巻1号，労働科学研究所，1971年，p.14。
8) 「山陽新聞」2009年11月27日。
9) 経済産業省「平成26年工業統計表」岡山県「岡山県経済等の状況」。
10) クボタ『クボタ100年』1990年，p.102。
11) 玉葱の生産量1位である北海道において玉葱移植機のシェアでは80％に達している。みのる産業提供資料。
12) 田口冬樹『体系流通論［新版］』白桃書房，2016年，p.19。

第6章　中小農業機械メーカーの流通チャネル－岡山県を中心に－

(参考文献)

(1) 藍房和『新版　農業機械の構造と利用』農村漁村文化協会，2014年。
(2) 南智『瀬戸内農村の変容』大明堂，1997年。
(3) 南智『農業機械の先駆者たち－農業機械化王国・岡山の成立過程－』吉備人出版，2016年。
(4) 久留島陽三『現代岡山経済論－転換期の岡山経済』山陽新聞社，2013年。
興陽高等学校編『児島湾干拓地における農業機械化に伴う主婦労働について』興陽高等学校，1959年。
(5) みのる産業株式会社創業50周年記念誌編纂委員会編『みのる産業創業50周年記念誌』1996年。
(6) 鳥居宏史「フランチャイズチェーンのマネジメント・コントロール」『経済研究』明治学院大学，2008年。
(7) 日本フランチャイズチェーン協会編『フランチャイズチェーンハンドブック』商業界，2017年。
(8) 農林省中国四国農政局計画部編『岡山平野における農業発展と土地改良』農林省農林省中国四国農政局計画部，1967年。
(9) 藤原辰史『トラクターの世界史－人類の歴史を変えた鉄の馬たち－』中公新書，2017年。
(10) 前田清一『藤田農場経営史』日本文教出版，1965年。
(11) 吉岡金市『日本農業の近代化』有斐閣，1953年。
(12) 三輪泰史，井熊均，木通秀樹『IoTが拓く次世代農業アグリカルチャー4.0の時代』日刊工業新聞社，2016年。
(13) 岡山シティミュージアム，常設展岡山の歴史と文化「写真で見る児島湾干拓と農業機械」2018年6月9日，南智講演会「農業機械の先駆者たち」。

付　記

本章は，日本学術振興会・平成27年度科学研究費助成事業・基盤研究(c)・15K07611（研究代表者：山口大学・種市豊／研究題目：『農業経営規模の大型化とグローバル化する農業機械市場との関係性に関する実証的研究』）の学術研究助成基金助成金を受けて実施した研究成果の一部である。

第7章　地域産業と農業との関係性
－飼料米生産が与える影響について－

第1節　飼料米が求められる背景と課題

　本章における研究の背景は，①近年の輸入飼料価格の上昇，②国内産の米価の低迷，③日本の自給率が他の先進国と比較して低い水準にあること，④国民の食の安心安全への関心が高まっていることにある。また，平成23年度から実施された個別所得補償（現在の経営所得安定対策）により，各種補助金の制度等も整備され，日本における飼料米の生産が拡大し，山口県においても増加傾向にある。

　今後，畜産物生産で一般的に用いられる配合飼料市場は，為替相場の変動などにより，より厳しい局面に直面する可能性もある。そのため，日本国内で生産される飼料米は，重要なものとなる。そこで本章の目的は，山口県における飼料米生産の現状とつかう側である養鶏業3社と飼料米生産が与える影響を解明するものである。今回対象とする山口県の畜産農業産出額の内訳をみると，長きにわたり養鶏が約6割を占めている。このことに加え，養鶏は牛や豚に比べ，飼料米の導入が比較的容易であるため，飼料米と養鶏の関係性に着目した。

　飼料米と山口県の養鶏に関する既存文献を確認する。糸原・大庭[1]は，秋川牧園における堆肥販売と販売戦略の関係性を，鄒・四方・今井ら[2]は，有機ビジネスにおける秋川牧園の位置づけを述べている。次に，飼料米に関する論文において，信岡・小栗[3]は，その利用価値を述べている。原田[4]は，飼料米の市場価値と社会価値に着目している。また，種市[5]は，秋川牧園と飼料米との関係性を食品産業型SPA（Specialty store retailer of Private label Apparelの略）と定義し，その観点から産直理論における位置づけを明らかにしている。野見山・佐藤・小林・種市研究[6]でも同様の点を指摘している。次に自給飼

料の研究業績は，荒木ら[7]によるものもある。以上の研究は，養鶏業と飼料米との関係性を示す研究として不十分な点が多い。そこで本章では，山口県内の大手3社に焦点をあて，養鶏産業の実情と飼料米利用の観点を確認し，地域産業での位置づけ，例えば生産・流通，利用の意義づけを解明するものである。研究方法は，各年次版山口農林水産統計年報（農林水産省中国四国農政局発行）より，山口県の農業の現状・動向を確認した。また，県内の養鶏主要3法人と，山口県畜産振興課に対し，2016年9月～2018年1月にかけヒアリング調査を実施した。

写真　飼料米の畑

出所：秋川牧園提供。

第2節　山口県内の農畜産業の現状と課題

1　山口県内の農業の現状

ここで山口県内の農業概況を確認してみる。使用したデータは，「山口農林水産統計年報（平成22，27年度)」である。山口県は，沿岸部から中山間部までの多様な自然条件下にあり，米麦，野菜，果物，花，畜産等，多様な農産物が生産されている。元々山口県は，米作地帯であり，水田が総耕地面積の約8割，米が農業粗生産額の約4割を占めている。しかし，山口県における2014年現在の耕地面積（田畑計）は，48,400haであり，前年度と比較しても，400haほど減少している。過去5年の推移も減少傾向にある。田畑別の耕地面積は，田39,600haで前年に比べ100ha，畑8,890haで前年に比べ130ha減少している。

第7章 地域産業と農業との関係性－飼料米生産が与える影響について－

また，耕地利用率（2014年）は76.6％で，全国平均91.8％と比べても非常に低い位置にある。

図表7－1　山口県内の農家人口の推移（2000年～2015年）

年	総農家数	販売農家数	自給的農家数
2000	56,205	39,731	16,474
2005	50,017	32,324	17,693
2010	43,171	26,207	16,964
2015	35,542	20,307	15,235

出所：農林水産省「2010年世界農林業センサス」，「2015年農林業センサス」より作成。

次に，山口県内の農家数の推移を確認する。図表7－1は，農林業センサスからみた総農家数の推移である。総農家数は，2015年で35,542戸であり，2000年調査と比較しても，総農家数で4割程度，販売農家数で半数程度と減少傾向が続いている。農業就業人口の平均年齢は70.3歳で，全国平均（66.4歳）と比べても高齢化が進んでいる。こうしたなか山口県は，今後の農業の発展を図るべく，農産物の高付加価値化に積極的である。例えば，化学農薬の使用を低減した農作物を県が認証する「エコやまぐち農産物認証制度」[8]，県内で生産される農林水産物及び主な原材料が山口県産100％の加工品を対象とした「やまぐちブランド」[9]の創設を行っている。

2　山口県内の畜産業の現状

本節では，山口県における畜産と養鶏業の現況を確認する。参考資料は，山口県農林水産部畜産振興課より発行されている「山口県畜産の動向（平成29年8月）」，農林水産省「各年度版山口農林水産統計年報」である。

(1) 山口県内の畜産業の変遷

本節では，山口県内の農業産出額から畜産業の現況を確認する。図表7－2は，山口県の農業産出額の内訳（1993～2014年）を示したものである。ここから，①畜産，米，その他いずれも減少傾向にあり，農業産出額の総計は392億円減少している。②米の減少率が顕著である。1993年と2014年を比較した場合，4割程度まで減少している。③畜産は，2割程度の減少幅である。山口県の畜産の産出額の内訳を確認すると，畜産の農業産出額の総計は，37億円程度の減少である。以上の4点である。次に，畜種ごとの割合をみてみる。山口県の畜産は，どの年次も養鶏が全体の約6割を占めている。他の畜種は，豚と乳用牛が各1割，肉用牛が約2割程度を占めている。また，山口農林水産統計年報によると養鶏の産出額は，1993年産117億円に対し，2014年産115億円で，2億円程度の減少である。他の畜種の減少額は，豚28億円→18億円，乳用牛37億円→21億円と比較しても少ない。

図表7－2　山口県の農業産出額の内訳

(単位：億円)

	畜産	米	その他	総計
1993年	236	451	332	1,019
1998年	224	383	344	951
2003年	211	324	342	777
2008年	188	295	214	697
2013年	184	253	217	655
2015年	199	202	248	627

出所：山口県畜産振興課「山口県畜産の動向」（元データ：山口農林水産統計年報）より。

(2) 山口県の養鶏業の現状

① 採卵鶏

図表7－3は，採卵鶏の飼養羽数と鶏卵生産量の変遷を示したものである。採卵鶏羽数は，1998年（2,588千羽）がピークである。また，鶏卵の生

第7章　地域産業と農業との関係性－飼料米生産が与える影響について－

産量は，2003年（49,335 t）をピークに減少傾向にある。規模別にみると採卵鶏生産者の戸数は，1993年，949戸であったものが，2016年，35戸となっている。そのため，1戸あたりの飼養羽数は，1993年2,378羽に対し，2013年で45,029羽となっており，約20倍の増加にある。以上の点から採卵鶏生産者は，大型化の傾向にある。

図表7－3　採卵鶏生産者の戸数，飼養羽数と鶏卵生産量

	戸数（戸）	成鶏めす羽数（千羽）	鶏卵生産量（t）
1993年	949	2,274	38,759
1998年	315	2,588	47,817
2003年	156	2,352	49,335
2008年	191	1,795	37,702
2013年	35	1,460	31,317
2016年	35	1,396	28,665

出所：山口県畜産の動向（平成29年8月）は，山口県畜産調査票，山口農林水産統計年報，畜産物流通統計を用いて作成している。

② 肉 用 鶏

　肉用鶏の飼養状況は，次のとおりである。生産者の戸数は，1993年，109戸であったものが，2016年は46戸であり，およそ半減している。その反面，1戸あたりの飼養羽数は，1993年20,599羽に対して，2014年33,904羽であり，1.5倍程度増加傾向にある。このことから，肉用鶏は，生産規模の大型化が進んでいる。図表7－4は，市町村別でみた鶏肉の出荷量（平成26年度分）を示したものである。長門市が県内シェアの77.3％を占めている。その理由は，後述する深川養鶏農業協同組合の生産体制が，長門市を中心に整備されている点である。

図表7－4　鶏肉の出荷量（2014年）

順位	市町	羽数（千羽）	県内シェア
1	長門市	1,152	77.3%
2	岩国市	160	10.7%
3	下関市	68	4.6%

出所：山口県畜産の動向（平成29年8月）より。

3　小　　括

　山口県の農業生産額は，年々減少傾向にある。畜産業は，農業産出額の内訳から確認しても，他の産品に比べ，減少幅自体小さい状況にある。とりわけ養鶏業は，生産者1戸あたりの飼養規模別にみても，大型化が進展していることにより飼料米利用に何らかの影響があると考えられる。次節は，県内に有する養鶏産業3社に焦点をあて，販売戦略と飼料米利用の関係から考察する。

第3節　養鶏産業と飼料米との関係性

1　山口県の飼料米の生産と位置づけ

　山口県は，減反が進むなか，耕作放棄地の拡大もみられる。耕作放棄地は，他作物への転作や地目転換される。このようななか，飼料米への転換は，要となる。図表7－5は，山口県の飼料作物の作付面積と飼料米の収量と目標を示したものである。飼料米生産は，2014年から山口県地域農業戦略推進協議会が需要情報を提供しながら，作付を推進している。その結果，飼料米の作付面積は2010年61haであったものが2016年792haとなっており731haに増加している。飼料用イネは，同期間で235ha増加している。それに対し，他の飼料作物は，150ha減少している。県内の飼料自給率をみると，2013年には乳用牛33.6%，肉用牛35.4%に対し，平成37年度目標で乳用牛55.0%，肉用牛41.3%となっている。達成のための山口県の取組目標として，①全農県本部との連携による需要情報の提供，②品種の開発，③実証圃場の実施や技術指導，④飼料米共励会

第7章　地域産業と農業との関係性－飼料米生産が与える影響について－

や推進大会の開催，⑤機械整備支援，⑥流通保管体制の整備の実施，6点を挙げている。

図表7-5　山口県の飼料作物の作付面積と飼料米の収量

区分　　　　（年）	作付面積（ha）				目標
	2010	2014	2015	2016	2017
◆飼料作物作付面積	1,843	2,403	2,563	2,656	3,000
飼料作物（全般）	1,722	1,910	1,530	1,572	－
飼料米（下は，収量）	61	263	597	792	－
		1,370t	2,992t	3,976t	4,300t
飼料用イネ	60	229	272	295	250
◆山口型放牧面積	301	370	372	356	430

出所：山口県畜産振興課　「飼料生産に関する目標」より。

　飼料米は，聞き取り調査の結果から確認すると全体の8割が養鶏で用いられる。その理由は，養鶏であれば，飼料米をそのまま給餌できることにある。なお，飼料米を他の家畜に用いる場合は，粉砕加工する必要があり，コスト高になる。なお，山口県の調べによると，県域における飼料米の需要量は，5,920tである。それに対し2016年産の供給量は，3,154tである。以上の点から，今後の飼料米に対する需要は，十分期待しうるが，供給が追い付かない状況にある。

2　養鶏産業における飼料米の位置づけ

(1)　株式会社秋川牧園（直販を主とした事業者）

　秋川牧園は，山口市仁保に本社を有しており，鶏肉・鶏卵を主に，牛肉，牛乳，ヨーグルト等多様な農畜産物を製造販売する法人である。1972年に鶏肉・鶏卵を出荷する法人として創業され，1979年に秋川食品株式会社（後に秋川牧園に社名変更）として法人化されている。秋川牧園の方針は，「無投薬飼育，残留農薬への挑戦」を掲げ，地元の生産者と連携しながら，安心・安全な農産物の製造を目指している。そのため，養鶏に用いられる肥育飼料は，全て収穫後

に，防カビ・防腐・発芽防止などの農薬を用いていないもの，いわゆるPHF（Post harvest free），NON-GMO（遺伝子組み換えをしていない作物）であり，肉養鶏飼料は植物性のもの（トウモロコシ，マイロ，きな粉，玄米，大豆粕）を原料としている。また，採卵鶏には，魚粉を与えている。秋川牧園は，生産者との間に全量製品買い取り・全量原料供給を方針としている。飼育は，無投薬，抗生物質・抗菌剤を全期間使用しない方法である。飼料米専用品種による多収穫低コスト栽培への取り組みは，2009年より着手しており，県の推進する飼料米推進協議会へも参加している。この取組の基本は，畜産堆肥を飼料米の生産農家へ提供し，再利用する，いわゆる地域循環型農業である。

　同社の商品は，自社販売の他に生協や宅配会社からの申出により取引を開始している。販売先は，①主な生活協同組合：関西・中国地方・九州を核とするグリーンコープ生協，関東の生活クラブ生協などがあげられる。②宅配会社：らでぃっしゅぼーや，大地を守る会等があげられる。自社の直販事業は，山口県内，大阪を拠点とした関西圏でも販売をしている。また，同社は，インターネットによる販売サイトも設けている。そのため，同社の商品は，全国各地から購入が可能である。取扱量は，年々増加傾向にある。自社販売と産直型の生協及び宅配会社の割合は，前者16に対し，後者84となっている。生協との取引開始時期は，1977年九州の生協，1988年関東の生協と取引を開始している。また，自社販売は，2000年より，山口，関西圏で販売をしていたものが，震災後に問い合わせが増え，日本全域へ宅配便で送る仕組みとして広がっている。なお，直販事業は，社内に直販部を設け，顧客へインターネットやカタログショップ等を通じて販売を行っている。同社の取引先の一つであるグリーンコープ生協は，産直商品について次のような考えを有している「その生産物をだれが作っているのか明らかにする」，「その生産物がどのような生産方法（栽培・飼育等）なのか明らかである」，「生産者とグリーンコープ生協（組合員ならびに事務局）との交流ができる」，「生産者の側からみても産直提携が実感できる」，以上の4点である。このように，目に見える生産は，同社のような産直商品に対する価値をより高いものにする。なお，グリーンコープ生協では，

第7章 地域産業と農業との関係性－飼料米生産が与える影響について－

「国産穀物を使った産直卵」として販売している。出荷生産者の飼料米を開始した経緯は，元々食用米を栽培していた農業法人が，食用米の米価低迷により，秋川牧園から誘いを受け，生産を開始したことにある。飼料米の生産者と秋川牧園との関係性は，①飼料米の生産指導は，秋川牧園が実施する。②収穫した飼料米は，全量買い取る。③出荷経費と飼料米の保管は，秋川牧園が責任をもつ。④出荷は，もみの状態で行う。⑤生産者会議を年一回開催する。その際，次年度の出荷計画や生産方法の情報交換等を生産者，農政局，肥料メーカー，農業・食品産業技術総合研究機構の研究者と共に行う。⑥契約生産者と農業技術センターの職員を交えた全圃場見学会を毎年2回行うの6点である。飼料米は，籾がついた状態で鶏に与えることで，玄米にする際にかかるコストを抑えている。買い取った飼料米は，秋川牧園のタンクで保管することにより，物流コストを抑えている。以上の点から，生産者への栽培・技術指導や低コストで出荷できる体制を整備しており，継続性を高める要因ともなっている。

写真　秋川牧園全植たまご

出所：秋川牧園ウェブショップ（左），秋川牧園提供（右）。
URL:https://www.akikawabokuen.com/webshop/products/detail.php?product_id=75（2018年5月1日アクセス）。

次に，飼料米生産者の実態を確認する。飼料米の出荷生産者は，22戸の農家で構成されている。総面積105.5haである。その内訳として，農事組合7法人，有限会社1法人，営農組合1組合，個人生産者1戸で構成されている。圃場は，山口市，防府市，萩市に分布している。栽培品種は，専用種である「北陸193号」，「夢あおば」，「ホシアオバ」，「モミロマン」に限定されている。生産者調査から解明された飼料米栽培の利点は，①籾のまま出荷でき，脱穀や乾燥等の

出荷に要する作業過程が省略できる。②出荷包装や送料の負担は，秋川牧園である。③除草剤以外の農薬は，不要である。④肥料は，鶏糞2t／10aあたり無償提供があり，生産コストの低減に資する。⑤生産者の収入は，55,000（368kg／10a）〜105,000円（668kg／10a）の交付金と県奨励品種の利用による県からの交付金12,000円／10a，秋川牧園からの支払い16円／1kgで構成される。⑥食用米は，出荷時期が限定されている。以上の6点である。平成28年度の収穫高は，22戸の生産者の平均725kg（籾ベース）である。代表的な調査法人（S生産グループ）は，17.5haの飼料米を栽培している。秋川牧園は，当該グループに対し，35ha程度の栽培を希望している。秋川牧園の飼料米に対する需要は，今後さらに大きくなる状況にある。

写真　飼料米の保管庫

出所：秋川牧園提供。

(2) 株式会社出雲ファーム（養鶏・卵製造専業事業者）

出雲ファームは，山口市徳地堀に立地する，養鶏業と販売を兼ねた総合企業である。当社は，鶏卵の生産・販売のほかに，アンテナショップとして卵かけごはん専門店「とれたまの里」の運営，「とくぢこめたまごと米粉のバームクーヘン」や「かしわそぼろ」といったオリジナル商品の販売を行っている。売り上げ構成は，鶏卵（1億2,000〜1億3,000万円）が98％であり，残り2％が加工品（200〜300万円）である。売上動向は，自社製品の販売や直売所の運営を行うようになってから上昇傾向にある。

第7章　地域産業と農業との関係性－飼料米生産が与える影響について－

写真　出雲ファーム関係商品

出所：ヤフーショッピング「出雲ファーム」。
URL：https://store.shopping.yahoo.co.jp/izumofarm/
（2018年5月1日アクセス）。

　生産規模[10]は，育成舎・陽圧式ウインドレス　鶏舎5棟　収容羽数80,000羽，成鶏舎・陽圧式ウインドレス2団地（A・B）全24ロット　収容羽数440,000羽（20,000羽×16ロット／A団地，15,000羽×8ロット／B団地）の規模である。鶏卵の業界での位置づけは，中規模程度である。また，出雲ファームでは養鶏場を1カ所に集中させている。鶏卵の月間生産能力は，有色卵580tを有している。次に，出雲ファームの一月あたりの飼料給餌量は，1,100～1,200kgである。当社は，生産費のうち，エサ代が全体の8割を占めており，エサにかかるコスト削減を求めている。当社は，山口県から飼料米に関する話を受け，説明会等に参加し，自給率向上を付加価値とする目的から，2014年より当該事業へ参画した。飼料米利用量は，当初160tで，年々増加させている。また，出雲ファームは，山口県飼料用米推進協議会[11]へも加盟している。現在のエサに配合される飼料米の割合は，全体の7～8％である。なお，当社で利用される飼料の殆どは，飼料メーカーより購入するものである。本章の対象となる地元産の飼料米は，次の2つのルートで購入している。①生産者との契約生産である。契約生産の内容は，契約農家から収穫した飼料米の全量を一括で買い取る方式である。②農協系統から買取をする方法である。農協系統からの買取は，主に山口県内の農協や全農山口県本部と契約をしている。2017年購入量の詳細は，契約9農家から玄米ベースで190t仕入れている。その内訳は，全体量468tのうち，5農家（法人を含む）と契約83t，残り全てを農協経由で購入し

ている。生産者との飼料米契約の詳細に確認する。出雲ファームと契約している生産者は，同社と直接契約することにより，農協を通して出荷した場合と比較し，手数料がかからない利点を有している。契約生産者の平均収量は，500～600kg／10aである。生産される品種は，生産者側に一任である。次に，飼料米利用に必要な設備をみてみる。飼料米は，米の収穫時期との重なりから，利用日までストックする施設が必要となる。そのため，貯蔵用のタンク等の設備を有している。うち700万円の補助金が支給されている。飼料米の補助金を申請する際，複雑な行政手続きを必要とするため，出雲ファームが主体的に行っている。

　飼料米利用の効果は，次のとおりである。通常，飼料米の利用は，輸入飼料に比べ高コストである。しかし，養鶏業の売上げは，飼料の国際価格や鶏卵の市場価格が利益率に影響されやすい。為替相場の変動や輸入飼料価格動向の観点からみてみると，輸入飼料の高騰時は，飼料米を用いた場合の生産コストが低くなる場合もある。また，出雲ファームの飼料米を用いた販売戦略は，次のメリットが抽出される。飼料米を用いた鶏卵の価格は，通常の鶏卵と比較しても同程度の金額か若干高めである。例えば，ブランド名「やまぐち米育ち」等といった高付加価値化商品での販売が可能である。また，ブランド化は，商品特性を明快にし，大手量販店による安売り競争に巻き込まれにくく，他社にシェアを奪われにくい。また，飼料米を用いた商品は，「水田を守る」等のストーリー性を掲げることで，同価格であればより消費者に購買されやすく，安定した売り上げを維持できる。しかし，飼料米を用いた商品は，広域販売が困難である。その理由として，広域販売は，安価に販売される鶏卵と異なり，1パックあたりの価格が高い反面，少量しか売れない。そのため，物流経費等を考慮すると，地元小売店への出荷は，多少安価であっても，大量販売ができ，地元を中心に販路拡大を目指せるためである。

(3) 深川（ふかわ）養鶏農業協同組合（肉養鶏専門農協）

　深川養鶏農業協同組合（以後，深川養鶏と表記）は，長門市東深川に立地し，

第7章　地域産業と農業との関係性－飼料米生産が与える影響について－

養鶏を専門とした農協である。主力商品は，精肉，加工製品（鶏肉加工品や有精卵を利用したお菓子等）である。深川養鶏は，鶏卵生産を目的としていないため，有精卵の販売を行っていない。有精卵の活用方法は，主力商品である鶏卵煎餅やマドレーヌ等の菓子類の製造に用いられる。鶏卵煎餅は，長きにわたり山口県の名菓として根付いている。当該農協は，菓子製品の利益率の高さから，今後も製造量を増加させたいという意向にある。深川養鶏の商品は，「長州どり・ハーブどり（ブロイラー）」，「長州黒かしわ」等のブランド化に資した鶏肉を主としている。そのうち，肉用鶏は，精肉されることにより，主にモモ，ムネ，ササミ，手羽先，手羽元，キモ，砂ずりの7品目に分けられている。「長州どり」の生産を詳細にみてみると，約20日間かけて孵化したのち，40～50日間飼育する。その間，5種類のハーブ（ローズマリー，タイム，オレガノ，ローレル，セージ）をエサに混ぜ，給餌することにより，肉の臭みを消している。

写真　深川養鶏－長州黒かしわ

出所：深川養鶏直営オンラインショップ。
URL: http://www.chosyudori.net/（2018年5月1日アクセス）。

　食肉製品の取引価格の決定方法は，次のとおりである。通常は，精肉を出荷する際に，買い手側が値段を決める。そのため，深川養鶏は，生産コスト以下の価格で販売することがなく，安定した価格で取引出来るように，飼料米利用を前面にPRすることとブランド化による価格の安定化を目指している。次に，価格を詳細にみてみる。例えば，地元スーパーマーケットの店頭販売価格は，長州どり（モモ肉）120円/100g程度となっている。「長州黒かしわ」は，慣行商品の3～4倍程度の価格設定をしている。販売エリアは，県内を中心に関西

方面にも出荷しており，加工品は全国で販売されている。なお，2016年の長州黒かしわの年間売上は7,000万円であり，1億円を目指している。

　主力設備は，次のとおりである。生産に資する農場の数は，2017年で24農場である。食鳥処理実績（2016年）は，合計約650万羽飼育している。また，菓子類の製造に供される施設・機械に関しては，1年間のうちに約260日間稼働している。生産の特徴であるが，深川養鶏は，衛生管理を徹底し，抗生物質・合成抗菌剤を使用していない。そのうえ，獣医師が毎日細菌チェックし，外部機関による月1度以上の検査を徹底している。

　次に，深川養鶏で使用する飼料を述べる。輸入飼料の価格は，輸入トウモロコシの価格に左右されやすい。そのため，深川養鶏は，「トウモロコシの代替えとなる飼料米を安定して仕入れることが可能になれば，餌のコストが安定する。」等の利点を述べている。また，玄米は，トウモロコシと成分の構成が似ており，栄養価が類似しているため，代替えが可能である。タンパク質の割合は，トウモロコシで7.6％，玄米7.5％である。脂肪酸の含有量について玄米はトウモロコシに比べ，オレイン酸が多くリノール酸が少なく，肉質がよくなる等の効果が期待されるとしている。

　深川養鶏の飼料米利用概況を確認する。生産地は，山口県内全域である。飼料米用の品種は，「やまだわら」や「あきだわら」等を使用している。飼料米保管場所は，JA長門大津の保管庫や自社の飼料タンクを利用している。自社の配合飼料保管施設で肉養鶏に配合し，各生産者に配送する。給与形態は，「長州どり」で平均飼養期間50日のうち，後半の30日に飼料米を給与している。

　輸入飼料の代替として，「長州どり」10％，「長州地どり」10％，「長州黒かしわ」28.4％ずつの飼料米がエサに配合されている。特に，国産飼料の給餌は，長州黒かしわに特徴を有している。長州黒かしわは，約60％が国内（山口県）産の飼料である。飼料の他に，ダイズ，ムギ，米ぬか等が用いられる。飼料の配合は，自社で行う。飼料米の調達に関して深川養鶏は，全農を経由して30円/kgで取引している。輸送ルートは，契約農家→JAラック倉庫→深川養鶏飼料タンク→飼育農家の順である。買取価格は，輸入トウモロコシの市場価格と大

第7章　地域産業と農業との関係性－飼料米生産が与える影響について－

差はない。

　このように，深川養鶏では，飼料米の価格が輸入トウモロコシの価格より高くならないように調整することにより，飼料米の利用が活性化するように努めている。そのため，コスト削減は重要な要となる。深川養鶏では，2014年まで，他社に飼料米の保存及び配合を委託し，自社まで輸送していた。2015年より，飼料タンクを購入し，自社配合が可能になったため，運送コストの削減を果たせた。今後，深川養鶏は，飼料米の利用を年間2,800t程度まで増やすことを検討している。また，配合割合を増やすことにより，畜産物のPR材料として使っていきたい意向である。

3　三法人の特徴のまとめ

　本節では，各法人の特徴として，養鶏業3法人に焦点をあて，それぞれの相違点を解明した。

　第一に，秋川牧園は，徹底された地産地消や産直の仕組みのシステム化が特徴となっている。また，出雲ファームにおいては，飼料米利用による鶏卵のブランド化を，価格や需要の安定化のために利用している。そして，深川養鶏は，飼料米利用により，鶏肉の高付加価値化や，飼養面のコストダウンにつなげている。これらの点から考察すると，飼料米の利用は，各法人共に従来の製品に比べ，商品の高付加価値化に資している点を明らかにした。

　第二に，3法人を比較した場合，飼料米に対する考え方・意識に相違がある点を明らかにした。具体的には，飼料米を利用上での積極性，飼料米使用商品のブランド力にある。そもそも，秋川牧園と深川養鶏は，産直商品や高付加価値商品の販売に歴史を有している。また，出雲ファームは，元々専業の養鶏業である。そのため，3社の意識差は，企業形態や沿革の表れであるといえる。

第4節　地域農業の発展性と今後の課題

　本章では，飼料米と生産者（主として養鶏）を介した，地域産業への発展性をのべた。次の2点と残された課題を解明した。

　第一に，山口県の農業および養鶏業の位置付けを確認すると，次の点を解明した。山口県の農業生産は，年々減少している。特に，養鶏業は，統計上からみる限り規模の大型化を果たしていると確認できる。そのうえで，農業産出額において増減を繰り返しているものの，一定の値を維持している。

　第二に，このようななか，地域の食品産業と一体となった転作等の必要性が強く求められる。以上の点から，山口県内における養鶏産業で生産される商品は，どちらかといえば生産方法にこだわりを有した商品である。また，取引先等もこだわり商品の販売をメインとするところであるため，マッチングした状況である。また，3社は，飼料米の使用コストを低減するべく，施設整備を行っている。仮に，現状以上に飼料米を導入したとしても，養鶏業3社は，こだわり商品をより多く販売できるため，マーケティング上プラスになる状況にある。

　このことから，山口県の養鶏産業と飼料米生産が与える影響について，先の2点に関して具体的な視点と方策は，総括すると以下のとおりである。飼料の国産化は，生産量の減少する産地にとって，農地活用の面からみても有効的な手段である。また，食品産業にとっても商品そのものの高付加価値化に資している。しかしながら，現状の飼料米生産は，需要量と供給量にミスマッチを有しており，新たな関係性の構築が期待される。

　今後の残された課題として，山口県の飼料米利用の特徴は，他県と比較し，どのような位置づけにあるのか。また，飼料米農家や生産者組合との関係性については，不明な点も多く存在する。加えて，飼養コストの面でみた場合の飼料米の活用方法や利用の効果について，今後より詳しい調査が必要である。

第7章　地域産業と農業との関係性－飼料米生産が与える影響について－

(注)
1) 糸原義人・大庭友朗（2003）「堆肥販売の差別化要因分析と販売戦略」『農業経営研究』第41巻　第1号，pp.49－54。
2) 鄒金蘭・四方康行・今井辰也（2009）「有機ビジネスの展開：有機食品宅配事業者三社を中心に」『農林業問題研究』第45巻第1号，pp.102－107。
3) 信岡誠治・小栗克之（2009）「転作田における飼料米の畜産利用と食料自給率」『農業経営研究』第47巻第2号，pp.57－61。
4) 原田英美（2013）「飼料用米事業のコンセプトと戦略」『農業経営研究』第51巻第3号，pp.1－11。
5) 種市豊（2018）「地域協同型食品産業の展開とその可能性－山口県秋川牧園をケーススタディーとして－」『消費経済研究』第7号，pp.3－11。
6) 野見山敏雄・佐藤幹・種市豊・小林富雄（2017）「食肉および食肉加工品における食品企業型SPAの持続可能性とフードロスに関する研究」『畜産の情報』pp.56－60。
7) 荒木和秋（2018）『農業市場学会研究双書18　自給飼料生産・流通革新と日本酪農の再生』筑波書房。
8) 「エコやまぐち農産物認証制度」とは，山口県では県内で生産される農産物のうち，化学農薬・化学肥料を使用しないで栽培された農産物や，通常の栽培方式に比べて，化学農薬と化学肥料の使用量を50％以上減らした農産物（生産認証）及びそれらを主原料とした農産加工品（加工認証）を「エコやまぐち農産物」として認証する制度である（出所：山口県庁ホームページ：「エコやまぐち農産物認証制度について」：URL；http://www.pref.yamaguchi.lg.jp/cms/a17300/junkan/ecoyama.html，2018年4月30日アクセス）。
9) やまぐちの農林水産物需要拡大協議会　事務局　ぶちうまやまぐちnet「やまぐちブランド制度」：URL：http://buchiuma-y.net/brand/index.html，2018年4月30日アクセス。
10) 出雲ファームホームページ「生産体制」：URL：https://izumo-farm.jp/taisei，2018年4月30日アクセス。
11) 山口県飼料用米推進協議会とは，飼料米の生産・流通拡大の取組みを推進するため2010年9月に設置され，生産者団体（山口県地域農業戦略推進協議会，全国農業協同組合連合会山口県本部），需要者団体（山口県養鶏協会），行政機関（中国四国農政局山支局，県）等で構成されている団体である。山口県庁ホームページ：「飼料用米推進大会（飼料用米共励会表彰式及び研修会）」を開催：URL：http://www.pref.yamaguchi.lg.jp/press/201703/036882.html　2018年5月1日アクセス。

(参考文献・資料)
(1) 市川治『資源循環型酪農・畜産の展開条件』農林統計協会，2007年。
(2) 畜産経営経済研究会　栗原幸一・新井肇・小林信一編『資源循環型畜産の展開条件』農林統計協会，2006年。

(3) 野口敬夫「畜産部門における専門農協組織の事業方式と組織間連携に関する実証的研究」『協同組合奨励研究第四十輯』2015年，pp.125-168。
(4) 森田琢磨・清水寛一編「3.飼養」『新版畜産学　第2版』文永堂出版，2001年，pp.273-329。
(5) 農林水産省生産局畜産部畜産振興課　需給対策室「配合飼料価格の変動要因（配合飼料価格の推移等）」
　　URL:http://www.nbafa.or.jp/pdf/beef5/030_032.pdf（2018年1月26日アクセス）。
(6) 農林水産省「飼料をめぐる情勢（データ版）平成30年5月」
　　URL:http://www.maff.go.jp/j/chikusan/sinko/lin/l_siryo/attach/pdf/index-232.pdf（2018年5月29日アクセス）。
(7) 宮崎宏『日本型畜産の新方向』家の光協会，1984年。
(8) 山口県庁報道発表「飼料用米推進大会（飼料用米共励会表彰式及び研修会）」を開催
　　URL:http://www.pref.yamaguchi.lg.jp/press/201703/036882.html（2018年1月25日アクセス）。
(9) 吉田寛一・川島利雄・佐藤正・宮崎宏・吉田忠編「第六章　日本畜産と飼料市場の展開過程」『畜産物の消費と流通機構』社団法人　農山漁村文化協会，1986年，pp.204-226。

第8章　愛媛県産柑橘の流通戦略

第1節　愛媛県の経済の現状

1　愛媛県の基礎データ

　人口減少，少子高齢化，東京一極集中，地方過疎化，地方経済の衰退といったキーワードがよくニュースに登場するように，地方を取り巻く社会・経済環境は極めて厳しい。愛媛県もその例外ではない。

　愛媛県の経済規模は，長年にわたって全国の約1％を占めたことで，1％経済とも呼ばれている。しかし，近年では，1％を下回ることが常態となってきている。例えば，2017年の実質国内総生産は531兆円であったのに対し，愛媛県の実質国内総生産は全国の0.89％にあたる4兆7,350億円にとどまった。

　2017年度における愛媛県の産業構成は第一次産業（農林水産業）が1.9％，第二次産業（鉱業，製造業，建設業）が29.1％，第三次産業（その他）が69％であった。第一次産業は柑橘の栽培と養殖漁業を中心産業とする宇和島市や八幡浜市などの南予地域に集中している。第二次産業は製紙や造船を中心産業とする四国中央市や今治市などの東予地域に集中している。そして，第三次産業は観光名所や中央省庁の出先機関（地方支分部局），学校（高校，大学）が集まっている松山市のある中予地域に集中している。

　愛媛県の人口に関しては，戦後の人口急増（ベビーブーム）によって1955年には154万人のピークに達した。しかし，その後は，東京や大阪などの大都市への集団就職による人口転出が増加人口を上回ったことによって，人口減少に転じた。1960年代後半になると，集団就職による人口転出が落ち着いたことで，愛媛県の人口は再び上昇傾向に戻り，1985年には153万人に達し，第2次のピークを迎えた。

その後は，少子化と継続的な大都市圏への人口流出によって人口は再び減少傾向に転じ，2018年5月には135.5万人までに減少した。直近の国政調査によれば，愛媛県の人口は15歳未満の年少人口が14.7％，15歳〜64歳の生産年齢人口が63.8％，65歳以上の老年人口が21.4％という構成である。そして経済産業省は，2040年における愛媛県の人口が107.5万人に落ち込み，そのうち，年少人口が10％，生産年齢人口が51％，老年人口が39％になると予測している。

2　地方創生に向けて

　前項のデータからわかるように，愛媛県は近年のニュースにたびたび取り上げられる人口減少，少子高齢化，地方の過疎化，地方経済の衰退といった課題に直面している。当然，こうした課題は愛媛県特有のものではない。大都市圏を除いた地方にとって共通の課題である。

　地方の苦境を政策で何とか打開しようとしているのが一連の地方創生政策（以降，地方創生と略す）である。地方創生は，官庁の移転，特区の設置，ふるさと納税，交付金などを通じて，地方に活気を取り戻そうとしている。また，文部科学省による東京23区における大学と学部の新設，および大学定員の増加を認めない方針や，大学に定員を厳守させる通達なども地方創生の一環である。

　政府は地方創生に採用された事業の効用を以下の4つに分類している[1]。

① 　地方における安定した雇用の創出
② 　地方への新しい人の流れをつくる
③ 　若い世代の結婚・出産・子育ての希望実現
④ 　時代に合った地域，安心なくらし，地域と地域の連携

　上記の効用分類からわかるように，地方創生は地方に人を戻す，増やす，または残すことを目指している。こうした効用をもたらす事業は3つに大別することができる。

　第一は，地方に競争力のある製品・サービスの創造・育成および強化をする事業である。こうした事業を推進することで，県外から「外貨」を稼ぎ，仕事を創造し，地方に人を増やすまたは残す狙いである。例えば，農業の六次産業

化の推進，地域産業や観光事業の強化などが挙げられる。

　第二は，特区設置や税優遇，または官庁の一部移転などの政策を通じて，県外から給与を得ている人を県内に移住させる事業である。例えば，消費者庁の一部移転や企業の地方拠点強化，東京23区内大学定員増加と新学部設置の10年間凍結，地方移住広報への補助などが挙げられる。

　この事業は地方に移住した人の消費増加によって，新たな仕事を創造し，人をさらに増やす効果もある。例えば，移転してきた官庁や新設した学校の周りにレストランや小売店が新しく開店されるのはそれに該当する。

　第三は，地域サービスの充実や便利性を高めることでコミュニティ自体の魅力を向上させる事業である。この事業は，既存住民にできるだけ地域に残ってもらうことを目的としている。例えば，子育て支援や住居環境整備，高齢者のお出掛け支援などが挙げられる。

　当然，人口減少や低経済成長に直面している愛媛県も地方創生の対象である。例えば，農業者と有機的に連携しながら，パッケージ・カット野菜を製造・販売しているサンライズ西条加工センターの設立や，しまなみ海道を活かした愛媛県のサイクリストの聖地の観光推進事業，または四国中央市の川之江栄町商店街の空き店舗を利用した多世代交流活動などは地方創生に支援されている事業などがそうである[2]。

3　本章の目的と対象

　経済は使用価値をつくり出す生産，使用価値を使用する消費，そして生産と消費の橋渡しをする流通という3つの活動によって構成されている。経済的視点から地方創生が支援する3つの事業（図表8-1）の効果を示してみると，図表8-2のようになる。

図表8-1　地方創生が支援する3つの事業

①	競争力のある製品・サービスの創造・育成と強化事業
②	県外から給与を得ている人の移転事業
③	地域の魅力向上を推進する事業

出所：筆者作成。

図表8-2　地方創生事業と経済の関係

```
                  域外経済
      ┌─────────────────────────────────────┐
      │  生産 ──────→ 流通 ──────→ 消費  │
      └───↓①──────────↓①──────────↓②───┘
         図表10-1の①を  図表10-1の②を通じ
③地      通じた剰余価値と た域外所得者の消費
地 ⇒域   価値の取り込み。 の取り込み。
方 　内
の ⇒経   ┌───↓──────────↓──────────↓───┐
魅 　済   │  生産 ──────→ 流通 ──────→ 消費  │
力 ⇒     │    ↑                              │
向       │    └──②による生産と流通の増加──┘
上       └─────────────────────────────────────┘
                  域内経済
```

出所：筆者作成。

　競争力のある製品・サービスの創造・育成および強化の事業は，生産と流通を通じて少しでも多くの剰余価値と価値を域内で創造，または残そうとしている。県外から給与を得ている人の移住事業は，消費の増加を通じて，地域の生産と流通を拡大させることを目的としている。そして，地域の魅力を向上させる事業は，地域の魅力を高めることで，消費する人を域内に残す，または域外所得者の消費を域内に引き付けようとしている。

　本章は，競争力のある製品・サービスの創造・育成および強化の事業のうち，流通による価値を域内に残す，または高める諸活動に注目し，検討する。諸活動の主体は地方創生の助成を受けているかどうかに拘らない。そして流通する商品を愛媛県の特産品である柑橘類果物に限定する。

第2節　柑橘生産の歴史と現状

　東京や大阪のスーパーマーケットに柑橘が大々的に陳列されるのは，冬場である。その際の種類は温州みかんが中心である。それ以外のシーズンでは狭い棚スペースにハウスみかんと何個かの中晩柑を陳列するくらいである。しかし柑橘大国の愛媛県では，一年通して柑橘が大量に販売され，その種類も極めて多様である[3]。

　本節では，日本の柑橘生産の歴史と愛媛柑橘の現状について紹介する。

1　戦前の柑橘の歴史

　農業分野において，柑橘類を植物分類のうち，ミカン科ミカン属・キンカン属・カラタチ属に属する植物だと定義する人が多い。ミカン属には温州ミカンやいよかん，キンカン属には丸金柑や大実金柑などが代表的な果実がある。それに対して，カラタチ属の生産物は果実ではなく，柑橘果実を生産するための台木である[4]。本章では柑橘類に属する果実を柑橘と呼ぶ。

　日本では古くから柑橘の栽培が行われていた。柑橘が商品作物として本格的に生産，販売されるようになったのは江戸時代である。当時の産地の多くは，消費地である城下町の周辺にあった。消費地に合わせた産地の形成のほか，生産に適した地の利を生かして，柑橘を遠方の江戸や国外に販売する紀州のような産地もある（桐野（1992），38頁）。

　柑橘市場の拡大によって，紀州と競争する産地も現れるようになった。たとえば，江戸に販売する温州みかんを中心に生産する駿遠（現在の静岡県と愛知県の一部を指している）や近畿市場への出荷を中心とする泉州（現在の大阪府の南西部）などが挙げられる。

　明治時代に入ると，政府は工業の発展を重要視したため，工業都市が形成されるようになった。工業や都市の発展に伴って，柑橘の消費量も増加した。しかし，現在のような気軽に食べられる大衆品ではなく，正月時にしか食べられ

ない嗜好品や贈答品として位置づけられていた。

図表8-3：みかんの栽培面積の推移

	単位	静岡	和歌山	広島	愛媛	福岡
1874	(円)	5,216(4)	69,273(60)	2,991(2)	1,905(2)	4,070(4)
1897	(千本)	915(8)	3,874(36)			199(2)
1910	(千本)	1,314(11)	3,417(23)	337(3)	317(3)	365(3)
1920	(千本)	3,017(16)	4,068(22)	937(5)	925(5)	606(3)
1930	(千本)	3,847(18)	4,880(23)	1,171(5)	1,510(7)	763(4)
1940	(千本)	7,787(23)	5,672(17)	1,666(5)	2,770(8)	1,011(3)
1950	(ha)	6,026(19)	4,091(13)	2,383(7)	4,186(13)	700(2)
	単位	佐賀	長崎	熊本	大分	全国
1874	(円)	529(-)	3,682(3)	6,784(6)	1,053(1)	115,969(100)
1897	(千本)	60(1)	107(1)	494(5)	186(2)	10,808(100)
1910	(千本)	217(2)	566(5)	238(2)	407(3)	12,336(100)
1920	(千本)	356(2)	415(2)	493(3)	834(4)	18,830(100)
1930	(千本)	238(1)	395(2)	554(3)	886(4)	21,647(100)
1940	(千本)	437(1)	600(2)	867(3)	1,308(4)	33,198(100)
1950	(ha)	827(3)	731(2)	1,161(4)	1,435(4)	32,397(100)

出所：桐野昭二（1990）『これからミカンをどう作る』筑波書房，54頁。

そして生産技術と輸送技術の進歩によって，日本一の柑橘栽培面積を持っていた和歌山県（紀州）は，東京に近い静岡県（駿河）に席をゆずった。産地は愛媛県や広島県などの西日本に拡大し（図表8-3を参照），生産する主要品種も紀州みかんから温州みかんへと変化した。

2 戦後の柑橘の歴史

第二次世界大戦終了直後の食料難の時代では，柑橘の栽培面積は35,400ha（1955年）に一時的に減少したが，1960年には63,100haに増加し，1973年には1960年の3倍の173,000haまでに拡大した。生産量も1960年の103万トンから1975年の367万トンへと増加した（清水（2002），4頁）。

柑橘生産量が急増した原因は，生産技術と輸送技術の進歩，所得の増加，政策的支持などが挙げられる。本項では，もっとも影響力が強かった政策に注目して，戦後の柑橘生産の変遷について説明していく。

第8章　愛媛県産柑橘の流通戦略

図表8−4　柑橘生産主要県の柑橘栽培面積の推移（単位：ha）

		1955	1965	1970	1975	1981	1985	1990	2001
温州みかん	全国	34,690	115,200	167,100	169,400	132,600	112,500	80,800	59,700
	和歌山	3,950	14,800	12,600	13,100	11,900	11,200	8,800	7,400
	静岡	7,700	9,400	17,900	17,800	14,200	12,000	8,610	6,590
	愛媛	3,790	15,100	22,000	22,100	15,800	14,200	10,900	8,860
		1955	1965	1970	1975	1981	1985	1990	2001
なつみかん	全国	5,590	15,000	17,600	16,300	15,200	12,800	8,190	4,140
	和歌山	821	2,450	2,290	2,220	1,440	919	527	249
	静岡	546	1,220	1,200	1,210	1,200	1,940	775	419
	愛媛	1,130	3,380	3,890	3,500	3,200	2,630	1,580	932
		1955*	1965*	1970	1975	1981	1985	1990	2001
はっさく	全国			5,460	6,960	9,840	9,680	6,300	3,130
	和歌山			1,700	2,260	3,380	3,490	2,290	1,430
	静岡			103	111	198	204	98	43
	愛媛			682	908	1,210	1,170	768	467
		1955*	1965*	1970	1975	1981	1985	1990	2001
いよかん	全国			1,280	2,120	9,460	11,700	12,400	8,520
	和歌山			10	12	213	370	363	278
	静岡			6	7	213	261	219	98
	愛媛			1,210	2,020	6,530	7,360	8,080	6,490
		1955	1965	1971**	1975	1981	1985	1990	2001
ネーブルオレンジ	全国	670	715	862	1,110	4,440	5,020	3,790	1,330
	和歌山	156	145	153	164	483	614	552	211
	静岡	60	69	40	44	479	542	425	227
	愛媛	68	38	147	292	1,250	1,200	700	230

＊1955年と1960年のはっさくといよかんの統計データはその他柑橘にまとめられているため，省略した。
＊＊ネーブルオレンジの1970年のデータがなく，1971年のデータで代用した。
出所：農林水産省大臣官房統計部調査『農林水産統計表』（各年次）農林統計協会より作成。

　戦後間もない日本は食料難の危機に直面し，米の生産拡大を進めた。やがて米の供給は需要を追い越して生産過剰となった。そして，国民の食に対する欲求も多様化し，農業と他産業の所得格差の課題も現れるようになった。政府はこれまでの農業政策を変更し，稲作から畜産や青果への転換を推進する政策を打ち出した。具体的には，1961年に制定された農業基本法における「選択的拡大」と同年に制定された「果樹農業特別措置法」である。これらの政策によって，みかんの栽培面積と生産量は急激に増加した（図表8−4）。そして，商品

としての温州みかん（以降，みかんと略す）の位置づけは嗜好品，贈答品から大衆品へと変化し，最大の産地は静岡県から愛媛県へと移った（図表8－4）。

みかんの生産量を増加させる政策は，次第にみかんの生産過剰をもたらした。そしてみかんの価格は，低迷した。1972年では，みかんの豊作と前年からのグレープフルーツの輸入自由化が相まって，ついにみかん価格は大暴落した（図表8－5）。

みかん価格暴落の原因を以下の3つに求めることができる（清水（2000），5頁）。

① 政策によって推進された新規植栽みかんが一気に市場に出回ったこと
② 所得上昇に伴って国民の果実消費が多様化したこと
③ 輸入自由化（および輸入枠拡大），円高の進行による競争果実の輸入が増大したこと

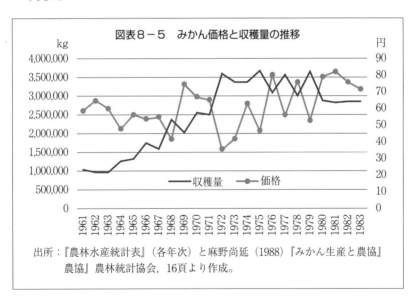

政府と生産団体はみかんの価格暴落に対応するために生産調整（廃園，転換）に乗り出した。まずは1975年から78年にかけて「改植等促進緊急対策事業」が行われ，続いては「うんしゅうみかん園転換整備促進事業」（1979年～83年），

「かんきつ生産再編整備特別対策事業（1984年～86年）」，「うんしゅうみかん園転換整備特別事業」を実施した。こうした政策によって，1990年にはみかんの栽培面積が80,800ha（1975年の48％），生産量が165万トン（同45％）までに減少した（図表8－4）。

一連の生産調整事業は，みかんの生産量を減らした一方，転換を通じて，柑橘類の中晩柑の生産量を増やした。中晩柑とは，1月から5月の間に収穫できる温州みかんを除いた柑橘の総称である。例えば，1月から2月の間に収穫するいよかんやはるか（2月収穫），はっさく（4月収穫），あまなつ（4月から5月収穫）などである。

近年では，みかんや中晩柑の生産量が減少し続けている。これは政策よりも，後継者不足などによってもたらされたのである。生産量の減少に伴って，柑橘価格は上昇の一途をたどっている。

3　愛媛県柑橘の現状と問題点

2014年における柑橘収穫量の第1位は愛媛県の22.2万トンであり，第2位は和歌山県の22.1万トンで，第3位は熊本県の13.3万トンであった。愛媛県の柑橘生産の特徴は，中晩柑の収穫量とその割合が極めて高いところにある。2014年では愛媛県産中晩柑の収穫量は9.4万トンを記録し，2位の和歌山の2倍にも達した。中晩柑が柑橘収穫量に占める割合について，和歌山県の21.5％と熊本の約29％に対して，愛媛県は42％も占めた。そして，柑橘の主力である温州みかんの収穫量では16万トンの和歌山に遠く及ばず，12.1万トンにとどまった（愛媛県庁かんきつ類の統計HP 2018年7月2日アクセス）。

こうした愛媛県の柑橘生産の特徴は，前項で述べた1975年に開始したみかんの生産調整と関係している。静岡県，和歌山県，そして九州地方の各県における生産者の多くは，廃園または他の農産物への転作を選択したのに対して，愛媛県の生産者の多くは中晩柑への転作を選択したのである[5]。

1972年の愛媛県柑橘栽培面積（30,115ha）のうち，温州みかん[6]が占める割合は8割弱に達したが，みかん生産調整施策（1975年～86年）を経て1986年に

おける温州みかんの栽培面積割合は，県内（26,042ha）の5割強へと減少した（堀田（1989），218頁；愛媛県庁かんきつ類統計HP 2017年7月2日アクセスより算出）。

中晩柑の生産量が多いという特徴を持つ愛媛県柑橘産業が，近年では後継者不足によって，柑橘収穫量を減らしている。2011年には柑橘収穫量が25.6万トン弱であったのに対して，2015年には21.3万トンへと減少した（愛媛県庁かんきつ類の統計HP 2018年7月2日アクセス）。

後継者不足問題に対応するために，政府は地方自治体の産業振興課や地域農業室，または公益財団法人など通じて支援している。しかしその成果は想定したほど出ない。成果が出にくい最大の理由は，手間暇をかけた割に柑橘の出荷価格が低いことに加えて価格も不安定であるため，生計が不安定になることにある。

第3節　流通戦略の範囲と主体

本節では，次節の愛媛県産柑橘の流通戦略を説明するために，流通の定義および流通戦略の範囲と主体を明示する。

流通とは，生産された製品を消費につなげる一連の経済活動である。その活動範囲は，製品の生産過程が完了した瞬間から製品が消費に入る直前までの間である。生産と流通の線引きは，製品の使用価値を作っているかどうかにある。生産は何かしらの使用価値を作り出しているが，流通は何かしらの使用価値の創造，および増加させることができない。例えば，工場における製品の包装活動は，製品に対して何かしらの使用価値を新たに付加していない。そのため，包装は生産ではなく生産者による流通活動に分類される[7]。

一方の流通と消費の線引きは，製品を使用しているかどうかにある。流通は，前述したように製品の使用価値を増やしていないと同時に，製品の使用もしない。例えば，消費者が小売店から購入した商品を家に持ち帰る活動は，製品を使用していないため，消費に属さない。この活動は，消費者による流通活動に分類される（図表8-6）。

第8章 愛媛県産柑橘の流通戦略

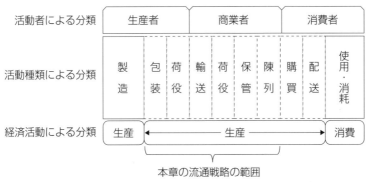

図表8-6 本章の流通戦略の範囲

出所：筆者作成。

　経済活動による分類は，必ずしも活動者による分類と一致しない。活動者の名称は彼らが実施している主要な経済活動を表しているに過ぎない。そのため流通戦略に該当するかどうかは，実施主体ではなく，戦略の内容が流通活動に属するかどうかによって決まる。例えば，トヨタによる広告活動は，生産戦略ではなく流通戦略に分類されるのである。

　本章は，どのような流通戦略がより多くの価値を愛媛県内に取り込めるかに焦点を当てる。そのため，営利目的を持たない消費者が実施する流通活動は，流通戦略の範疇から外れる。したがって，本章での流通戦略の実施主体は愛媛県の生産者や商業者，および流通活動の補助者に限定する。

第4節　全農えひめと乃万青果による愛媛県産柑橘の流通戦略

　流通戦略を通じてより多くの価値を獲得する方法は大きく2つに分けることができる。第一は交換価値（価値）を高めるブランド戦略である。第二は他の流通業者に任せた流通活動の一部を自ら担うことである。前者はプロモーションやチャネル，および価格のコントロールなどを通じて達成する。それに対し

141

て，後者はより多くの流通活動，たとえば需給調整機能，小売機能などを担うことによってより多くの価値を獲得する。本節では，愛媛県庁とJA全農えひめ（以降，全農えひめと略す），株式会社乃万青果（以降，乃万青果と略す）が実施している流通戦略について取り上げる。

1 　全農えひめによる「愛」のみかんブランド戦略[8]

　全農えひめのホームページのトップ画面から読み取れるように，柑橘は愛媛県を代表する農産物であり，彼らは柑橘をより多く，そしてより高く販売しようとしている（JA全農えひめHP　2017年7月3日アクセス）。

　全農えひめHPのトップ画面には，「愛媛のみかん」という大きなバナーが貼り付けられている。そのバナーをクリックして入ると，そこには「愛」の文字をいれたキャッチフレーズが数多くある。例えば，みかんを背景にして「カラダに『愛』を」,「ココロに『愛』を」,「『愛』のオレンジロード」,「オレンジも愛のシンボル」などである。

　全農えひめが「愛」の文字に拘ったのは，県名に「愛」の文字が入っているだけではない。同じ柑橘類に属するオレンジの花が愛と豊穣のシンボル[9]であり，欧米の男性がオレンジの実をもってプロポーズしたり，結婚式で花嫁がオレンジの花を身につける習慣があることとも関係する。

　全農えひめは，オレンジの愛情シンボルの「愛」と愛媛県の「愛」のイメージを各種イベント通じて，愛媛のみかん（柑橘）に付与することで，愛媛県の中晩柑の購買と消費を促進しようとしている。

　例えば，全農えひめのHPのなかに「愛のオレンジロード」のページがある（図表8-7）。そこには，4月14日を（愛が結ばれる）「オレンジデー」と設定している。4月14日になった理由は，その1か月前の3月14日が（愛に応える）「ホワイトデー」であり，さらに2月14日が（愛を届ける）「バレンタインデー」だからである。全農えひめはオレンジデーの前後に愛媛いよかん大使[10]を通じて，県外と県内にPR活動を行い，愛媛県産柑橘と愛を結び付けさせ，愛媛県産柑橘の認知度を高めようとしている。また2月14日からさらに1か月

第8章　愛媛県産柑橘の流通戦略

さかのぼる1月14日の伊予柑の日を「いい予感の日」と読み替えて、この日を恋愛成就のきざし、または入試シーズンに良いきざしを感じられる日として位置づけて、各地で愛媛名物の伊予柑を配布し、愛媛の中晩柑の普及活動を展開している。この他にも11月3日、12月3日の「みかんの日（いいみつかん）」などの柑橘に関わるイベントでPR活動を行っている。

図表8-7　愛のみかん

出所：全農えひめHP（2018年7月2日アクセス）。

2　乃万青果による価値取り込み戦略[11]

　乃万青果は今治市にある会社である。その創業者は1972年のみかん価格大暴落をきっかけに、みかんをひたすら生産し出荷していることに疑問を感じ、近在の農家の協力を得てみかんの集荷販売を自ら行い、少しでも良い価格で販売したいという考えのもとで乃万青果を設立した。乃万青果は2017年度に年商19億5,500万円強を記録し、資本金4,500万円、従業員50名を有する県内有数の柑橘卸売会社にまで成長した。

　乃万青果がここまで成長した理由は県外で行われていた流通活動を社内に取り込んだことにある。

　一般的に、小売企業は、各地に点在する消費者の近くに店舗を構え、消費者に必要な商品を販売することで利益をあげている。そのため消費地に遠い生産地卸の乃万青果が小売に参入し、価値を獲得することは難しいとされていた。しかし、乃万青果は1987年に、消費地に遠くても小売ができる通信販売を通じて小売を始め、その試みを成功させた。2017年度では、乃万青果の6,000トン

143

のみかん取引のうち，約2割が小売部門で使用されていた。小売の売上金額は全体の約5割にも達した。

　本節では，県内経済への貢献がある愛媛県柑橘に関わる流通戦略を取り上げてきた。ひとつは柑橘の消費量と価格を増加させるためのブランド戦略である。もうひとつは，県外に流れていた流通過程の価値を県内に取り込む事例である。前者は柑橘消費量の増加と高価格化によって，愛媛県経済に貢献しようとするものであるのに対し，後者は県外も流れていた剰余価値の一部を県内に止めることによる県内経済への貢献である。

　小売経営や商業論を専門とする筆者にとって，果たしてこのような地方最適の目的で流通戦略を展開して良いのかと疑問を感じる。そもそも商業者は，直接流通で余分にかかった流通活動（＝流通コスト）を節約させ，そしてその節約した分を自らの利益と消費者，および生産者に還元することが本来の役割である。商業者はその時代の社会環境や科学技術などに合わせて，流通活動をもっとも節約できる方向に向かって分化したり統合したりしてきた。

　この商業の原理に従えば，日本全国の地方で展開されている余剰価値の取り込み活動，または使用価値の変更をせずのブランド戦略による価値増殖はいつまで継続できるだろうかという疑問も感じる。これらの疑問に関しては，今後の検討課題とする。

（注）
1) 首相官邸ホームページ（以降，HPと略す）の地方創生‐地方創生関連事例（http://www.kantei.go.jp/jp/singi/sousei/data/case.html 2018年7月3日アクセス）を参照。
2) 同上。
3) 例えば，もうすぐ夏に入る頃の松山市内のあるスーパーマーケットでは，果物コーナーの1／4の棚を使用して，8種類（甘夏，宇和ゴールド，ニューサマーオレンジ，カラマンダリン，南津海，清見，温室みかん，ダブルマーケット）の柑橘を陳列していた（2018年5月20日）。
4) 柑橘類の分類については，田中長三郎の説を採用している（Plants Network Laboratory HP（http://www.ku-gai.com/plant/modules/pico/index.php?content_id=73 2018年7月5日アクセス）を参照。

5) 愛媛県の生産者が中晩柑への転作を選択した理由は，諸説ある。詳細は麻野（1987），堀田（1989），桐野（1992），松原（2015）などを参照されたい。
6) 温州みかんは早生温州と普通温州が含まれる。
7) 例外としては，ディズニーランド内で販売されている可愛い缶で包装されたチョコレートクランチなどの商品が挙げられる。この商品は，チョコレート菓子を食べるという使用価値があるだけではなく，チョコレート菓子を入れた可愛いデザインの缶が，物入れとしての使用価値もある。このような包装は，商品を保護または取り扱いしやすくするための本来の包装機能（物流機能のひとつ）を超えている。このような「包装」は製品効用の一部として算入され，本来の包装と一緒に扱うことはできない。
8) 「愛」をアピールするブランド戦略は，全農えひめ単体が実施している戦略ではない。愛媛県庁でも，県名の「愛」の字をいかして，「愛媛産には愛がある」というキャッチフレーズを打ち出し，「愛」あるブランド認定マークを出し，基準に満たした製品に関してはそのロゴを使用できるようにしている。愛媛県庁と全農えひめの「愛」に対するブランド戦略の相違は，前者は「愛」の字のみを生かしたブランド戦略と採っているのに対し，後者は前者のブランド戦略に加えて，柑橘類の1種であるオレンジに付随した「愛のストーリー」も掛け合わせてブランド戦略を採っているところにある。
9) オレンジの花が愛と豊穣のシンボルもつ理由は，花と実を同時につけることに由来する（花言葉事典HP（http://www.hanakotoba.name/　2018年7月20日アクセス））。
10) 愛媛いよかん大使は全農えひめが公募した愛媛県産みかんをPRするため大使である。2018年度に愛媛みかん大使へと名称が変更された（全農えひめHP　2018年7月2日アクセス）。
11) 乃万青果のデータは，2018年3月15日に常務取締役営業本部長池田篤志へのインタビュー調査と乃万青果から頂戴した資料，および乃万青果HPの情報から作成している。

(参考文献・資料)

(1) JA全農えひめホームページ（以降，HPと略す）（http://www.eh.zennoh.or.jp/index.html　2018年7月22日アクセス）。
(2) 麻野尚延（1988）『みかん生産と農協』農林統計協会。
(3) えひめ愛フード推進機構HP（http://www.aifood.jp/index.html　2018年7月22日アクセス）。
(4) 愛媛県『えひめ農業振興基本方針2016』（http://www.pref.ehime.jp/h35100/nougyoukihonhousin/documents/kihonhousin1234.pdf　2018年7月1日アクセス）。
(5) 愛媛県庁かんきつ類の統計HP（http://www.pref.ehime.jp/h35500/kankitsu/toukei.html　2018年7月5アクセス）。
(6) 桐野昭二（1990）『これからミカンをどう作る』筑波書房。

(7) 経済産業省(2018)『愛媛県の地域経済分析』(http://www.meti.go.jp/policy/local_economy/bunnseki/47bunseki/38ehime.pdf　2018年7月1日アクセス)。
(8) 清水徹朗(2002)「みかんの需要動向とみかん農業の課題」『農林金融』2002年・8号, p.2-23。
(9) 農林水産省大臣官房統計部編著『農林水産統計表』(各年次) 農林統計協会。
(10) 堀田忠夫(1989)「柑橘主産地による市場細分化対応と生産・販売戦略」『愛媛大学農学部紀要』33(2), pp.213-227。
(11) 松原日出人(2015)「ミカン消費減退下の品種戦略と産地の展開」『社会経済史学』81(2), pp.47-69。
(12) 森下二次也(1999)『現代商業経済論　改訂版』有斐閣ブックス。

第9章　新潟県の新作米「新之助」の流通戦略

第1節　「新之助」デビュー

1　幸先良い店頭デビュー

　2017年秋，一般販売が開始された新潟県の新たなブランド米「新之助」が県内の小売店の店頭に並び始め，その出足の好調ぶりが伝えられている。

　新之助は，新潟県が2008年より新たなブランド米として開発に着手した品種である。大粒で甘みのある特徴を持ち，コシヒカリと並ぶ二大ブランド化を目指し，2017年度は約6千トンの収穫が見込まれている。価格はブランド米の代名詞と自他ともに認める「魚沼産コシヒカリ」に次ぐ2キロ1,200円，5キロ2,990円（いずれも税抜き）に設定されている。

　2017年の新之助の収穫量は，新潟県全体の水稲収穫量61万1千700トン（子実用）の1％に満たぬものの[1]，この幸先良いスタートは，名実ともに全国区のブランド米であるコシヒカリとともに「お米王国・新潟県」の双璧になり得るものとして期待が高まっている[2]。

　同ブランド米の開発にあたり，約20万株の個体から選抜と育成を繰り返し，最終的にはコシヒカリと異なるおいしさや特長をもつ品種を選定し「新之助」と命名された（新潟県［2016C］）[3]。まさに，新潟県が新たなエースの誕生を期して投入した新品種である。

　本章では，新潟県の農業技術の粋を集結した努力の結晶ともいえよう新品種「新之助」のブランド化と生産・流通について概観する。加えて，新之助誕生の背景にある新潟県の米政策の本質的な戦略について考察する。

2 ブランド化に向けた生産・流通体制

図表9－1で見るように,「新之助」の生産に際し,「食味・品質」と「安全・安心」の確保を目的として,一定の要件を満たす生産者を会員とする研究会を設置する体制がとられている。

研究会は,指針に基づく県内栽培,栽培履歴記帳,GAP（Good Agricultural Practice：農業生産工程管理）[4]の実施および種子更新などができる生産者を会員として登録し,品質確保のために生産者の取り組みをチェックする。

新潟県は,食味・品質基準,生産者登録制度などを設定し,研究会を指導する立場に位置しており,生産者に対して栽培・GAP研修の開催や生育情報などを提供する。

このように,生産・出荷の段階で食味・品質基準を設定し,流通・販売から消費までのバリューチェーンにおいて研究会中心かつ県主導の体制を構築してブランド米としての品質管理を徹底している。

図表9－1 新之助の生産体制

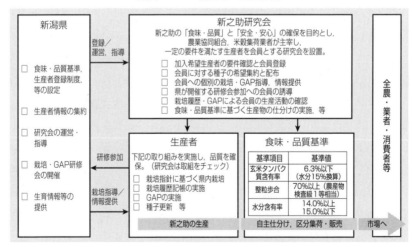

出所：新之助Webサイト[2018B]「新之助・生産・流通体制」。

また,研究会は自主仕分け,区分集荷・販売から市場流通に至るプロセスにおいて「食味・品質基準」に具体的数値を明示している。

第9章　新潟県の新作米「新之助」の流通戦略

つまり,「新之助」を名乗るためには,(1)玄米タンパク質含有量6.3％以下(水分15％換算),(2)整粒歩合70％以上(農産物検査等級1級相当),(3)水分含有量14.0％以上15.0％以内の3基準を満たす要件が付されているのである(新之助Webサイト[2018B]「生産・流通体制」)。

研究会は,JAおよび米穀集荷業者などが主宰して設置している。

2016年には新潟県内に55団体の研究会が設置されていたものが,2018年には70団体に増加している[5]。研究会単位あたりの会員数も3,4名程度の規模から100名弱が参加する団体まで,組織規模の範囲は広い現状にある。

団体の所在市町村の動向に注目すれば,2016年の段階では,糸魚川市,柏崎市,魚沼市,佐渡市,三条市,新発田市,上越市,十日町市,長岡市,新潟市,南魚沼市,村上市(以上,12市)に研究会が設置されていたが,2018年には阿賀野市,五泉市,小千谷市,聖籠町,胎内市,津南町,妙高市,弥彦村(以上,8市町村)に新たに設置されている。

新潟県全域の生産者の側でとらえれば慎重な姿勢も見られるものの,およそ新之助の生産に前向きである。

3　デザインマニュアル

「新之助」の流通にあたり,新之助のブランド・イメージを統一し,全国にアピールすることを目的に基本パッケージデザイン,ロゴマーク,プロダクトスローガン,並びにプロモーションコピー等を策定し,一定の基準を設けた手引き書として「新之助デザインマニュアル」を公開している。

プロダクトスローガンを,「きらめく大粒,コクと甘みが満ちている」,プロモーションコピーを「はじまりです。新潟から,日本のお米の新基準」としてプロダクトの特徴をストレートに表現している。

図表9－2　新之助のパッケージデザインとロゴマーク

出所：新潟県［2018C］「デザインマニュアル」。

　また基本パッケージは，「めでたさと期待」を表現した紅白幕をイメージし，一度見たら忘れないよう，上下から対のロゴを組み合わせ，全体として，紅白の色合いや，「助」の文字を「水引」のイメージにしている点など，祝いやおめでたい「ハレの日のお米」として格別感を表現している（新之助Webサイト［2018C］「デザインマニュアル」）。

4　関連商品

　新之助のデビューと同時に，関連商品も市販されている。
　図表9－3は関連商品の一覧である。クッキー，ケーキをはじめとする定番商品から広範囲かつユニークな商品が新之助のブランド化推進に華を添えている。
　このほか，新潟県を代表する家庭用石油ファンヒーターのトップ企業ダイニチ工業株式会社から新之助カラーの石油ファンヒーターが同社のWebショップで10台限定販売，新興家電企業のシロカ株式会社から新之助ロゴ入りオリジナルデザインの電気圧力鍋が6台限定（赤3台，白3台）で販売されるなど，ものづくり企業ならではのユニークな商品の登場も盛り上げに一役買っている。

第9章　新潟県の新作米「新之助」の流通戦略

図表9-3　新之助関連商品

商品名	発売・開発先	説明
「新之助」新米桐箱セット 新之助まめぐいギフト	AKOMEYA TOKYO	梱包商品
新之助おにぎり	TAKAZAWA 180 ICHI HACHI MARU	おにぎり
大阪屋ロール～純生クリーム～ 新潟の新（しん）	㈱大阪屋	菓子
新潟巡りシリーズ　新之助	㈱環境科学	入浴剤
炭火手焼きせんべいシリーズ	㈱栗山製菓	菓子
サトウのごはん新潟県産新之助	佐藤食品工業㈱	レトルトごはん
越乃白雁　純米吟醸　新之助	中川酒造㈱	清酒
Tシャツ，パーカー，トートバック	新潟Tシャツ委員会	衣類
新之助サブレ	新潟県観光物産㈱	菓子
ままがっこ	パンのカブト	パン
新之助甘酒　900mℓ	㈱峰村商店	甘酒
新之助おこし	新潟県観光物産㈱	菓子
ロールケーキ，シフォンケーキ，クッキー	新潟交通商事㈱	菓子
津川のうまい味噌	津川よしだや	発酵食品
新之助米粉のロールケーキ	㈱ローソン	菓子

出所：新之助Webサイト［2018A］「関連商品・フェア」より筆者作成。

第2節　「新之助」投入，もうひとつの側面

1　作付品種の一極集中

　周知のとおり，新潟県は全国有数の米どころである。「コシヒカリ」に代表される県内産米は長きにわたり高い評価を受けている。

　図表9-4は，2017（平成29）年度の全国のうるち米作付面積に占める割合を降順に並べ栽培上位品種の割合を示したものである。

作付面積の上位5都道府県を比較すれば，新潟県7.7％，北海道6.9％，秋田県5.8％，茨城県4.7％，宮城県4.6％と新潟県が他道府県の割合を凌駕しており，名実ともに「米どころ・新潟県」の姿が顕著に示されている。

図表9－4　平成29年産うるち米の道府県別作付面積および作付上位品種

道府県	作付割合	1位 品種	割合	2位 品種	割合	3位 品種	割合	その他 割合	p値
新潟	7.7	コシヒカリ	72.8	こしいぶき	18.5	ゆきん子舞	3.3	5.4	**
北海道	6.9	ななつぼし	50.0	ゆめぴりか	22.7	きらら397	9.5	17.8	**
秋田	5.8	あきたこまち	76.8	ひとめぼれ	8.5	めんこいな	8.5	6.2	**
茨城	4.7	コシヒカリ	76.4	あきたこまち	11.5	あさひの夢	3.0	9.1	**
宮城	4.6	ひとめぼれ	77.9	つや姫	6.6	ササニシキ	6.6	8.9	**
山形	4.4	はえぬき	62.7	つや姫	15.0	ひとめぼれ	9.3	13.0	**
福島	4.4	コシヒカリ	60.2	ひとめぼれ	21.8	天のつぶ	9.7	8.3	**
栃木	4.1	コシヒカリ	66.6	あさひの夢	22.8	とちぎの星	5.5	5.1	**
岩手	3.8	ひとめぼれ	68.1	あきたこまち	14.8	いわてっこ	4.6	12.5	**
千葉	3.8	コシヒカリ	67.2	ふさこがね	15.6	ふさおとめ	11.5	5.7	**
青森	3.0	まっしぐら	62.1	つがるロマン	33.0	青天の霹靂	4.5	0.4	**
富山	2.5	コシヒカリ	78.7	てんたかく	11.1	てんこもり	7.4	2.8	**
福岡	2.5	夢つくし	41.5	ヒノヒカリ	33.9	元気つくし	18.2	6.4	**
埼玉	2.3	コシヒカリ	39.0	彩のかがやき	31.4	彩のきずな	11.1	18.5	**
長野	2.2	コシヒカリ	80.4	あきたこまち	12.2	風さやか	3.5	3.9	**
滋賀	2.2	コシヒカリ	38.3	キヌヒカリ	22.1	日本晴	9.7	29.9	**
熊本	2.2	ヒノヒカリ	54.4	森のくまさん	15.3	コシヒカリ	11.4	18.9	**
兵庫	2.1	コシヒカリ	45.3	ヒノヒカリ	22.9	キヌヒカリ	18.8	13.0	**
岡山	2.0	アケボノ	18.6	ヒノヒカリ	17.5	あきたこまち	16.8	47.1	**
愛知	1.9	あいちのかおり	39.0	コシヒカリ	23.6	ミネアサヒ	5.5	31.9	**
三重	1.9	コシヒカリ	77.6	キヌヒカリ	9.6	みえのゆめ	2.8	10.0	**
福井	1.7	コシヒカリ	58.2	ハナエチゼン	25.9	あきさかり	9.9	6.0	**
広島	1.6	コシヒカリ	44.5	ヒノヒカリ	13.6	あきろまん	8.4	33.5	**
岐阜	1.5	ハツシモ	39.2	コシヒカリ	34.7	あさひの夢	6.8	19.3	**
大分	1.5	ヒノヒカリ	77.1	ひとめぼれ	11.2	コシヒカリ	3.8	7.9	**

第9章　新潟県の新作米「新之助」の流通戦略

道府県	作付割合	1位 品種	割合	2位 品種	割合	3位 品種	割合	その他 割合	p値
山口	1.4	コシヒカリ	31.1	ヒノヒカリ	24.7	ひとめぼれ	24.4	19.8	
佐賀	1.4	夢しずく	29.4	ヒノヒカリ	27.6	さがびより	27.1	15.9	
鹿児島	1.4	ヒノヒカリ	64.3	コシヒカリ	16.3	あきほなみ	12.2	7.2	**
島根	1.2	コシヒカリ	62.9	きぬむすめ	26.2	つや姫	7.0	3.9	**
宮崎	1.2	ヒノヒカリ	56.9	コシヒカリ	37.4	おてんとそだち	1.7	4.0	**
群馬	1.1	あさひの夢	40.9	コシヒカリ	24.1	ひとめぼれ	13.2	21.8	**
静岡	1.1	コシヒカリ	46.5	あいちのかおり	15.9	きぬむすめ	14.4	23.2	**
京都	1.0	コシヒカリ	56.2	キヌヒカリ	21.2	ヒノヒカリ	16.8	5.8	**
愛媛	1.0	コシヒカリ	31.1	ヒノヒカリ	31.1	あきたこまち	18.5	19.3	
鳥取	0.9	コシヒカリ	44.4	きぬむすめ	27.0	ひとめぼれ	25.6	3.0	**
香川	0.9	コシヒカリ	40.9	ヒノヒカリ	39.6	おいでまい	9.7	9.8	**
徳島	0.8	コシヒカリ	54.2	キヌヒカリ	25.2	ヒノヒカリ	7.0	13.6	**
高知	0.8	コシヒカリ	52.9	ヒノヒカリ	30.2	にこまる	5.0	11.9	**
長崎	0.8	ヒノヒカリ	62.4	にこまる	19.7	コシヒカリ	11.6	6.3	**
奈良	0.6	ヒノヒカリ	70.9	ひとめぼれ	10.0	コシヒカリ	8.4	10.7	**
和歌山	0.5	キヌヒカリ	50.0	きぬむすめ	11.8	コシヒカリ	9.3	28.9	**
大阪	0.4	ヒノヒカリ	72.4	きぬむすめ	14.3	キヌヒカリ	13.3	0	**
山梨	0.3	コシヒカリ	71.7	ヒノヒカリ	7.6	あさひの夢	6.2	14.5	**
神奈川	0.2	キヌヒカリ	55.7	はるみ	24.6	さとじまん	13.9	5.8	**
沖縄	0.1	ひとめぼれ	77.6	ちゅらひかり	16.0	ミルキーサマー	4.4	2.0	**

（米穀安定供給確保支援機構［2018］, p.4) より筆者作成。
作付割合：全国のうるち米作付面積に占める割合
数値単位：％
**：1％水準で有意

　加えて，道府県ごとに作付品種の割合の偏りを確認したところ，愛媛県（χ^2(3) 5.97, p=.11），佐賀県（χ^2(3) 4.53, p=.21) 山口県（χ^2(3) 2.59, p=.46）の3県を除く43道府県が1％水準で有意を示している。なおかつ，岡山県はその他の作付品種の割合が47.1％を示すほかは，全国的に1位の品種に依存している様子が如実にうかがえる。

153

さらに，道府県ごとの作付品種の割合は，全国46都道府県（東京都を除く）のうち23府県（52.2％）でコシヒカリが１位を占め，ヒノヒカリが７府県（15.2％），３位のひとめぼれが３府県（6.5％），４位のキヌヒカリが２県（4.3％）と大きく引き離している。

より掘り下げて新潟県の品種ごとの作付け順位をみれば，コシヒカリ72.8％，こしいぶき18.5％，ゆきん子舞3.3％とコシヒカリへの依存度が極めて高い様子がうかがえる（$\chi^2 (3) 127.29, p = .00$）。

新潟県では，こうしたコシヒカリへの一極依存を，県産米の栽培時期が重なることから生産リスクとして捉えている（新潟県・新之助Webサイト，「開発ストーリー」）。

2　ブランド化と農家経営安定の両輪

(1)　ブランド化

これまで，新潟県の稲作には昨今の気象変動がもたらすであろうと考えられる高温登熟障害に起因する玄米の白濁化，粒張り低下，胴割れ粒発生，玄米１粒重の低下など農家の収入低減のみならず食味の低下などへの対策が課題となっていた（新潟県農業総合研究所作物研究センター［2017］）[6]。そこで，高温登熟条件下でも品質に優れ食味値も高い品種の開発，加えてコシヒカリよりも熟期を遅らせることにより，作期分散と気象変動に伴うリスクを回避できる品種を目標として，「新之助」が開発された（同上）。

米の品種は収穫時期の順に，「早生（わせ）」，「中生（なかて）」，「晩生（おくて）」に分類される。収穫時期が中生種であるコシヒカリに集中すれば，気象災害が発生した際の被害が集中し，県産米の市場供給機能が不全に陥る懸念がある。

また，「新潟県産米」をブランドとしてとらえるならば，早生品種「こしいぶき」の存在が重要な意味をもつ。元来，早生品種は食味面で劣るとされていたが，新潟県農業総合研究所により欠点を克服すべく1993（平成５）年からこしいぶきの開発プロジェクトに着手し，2000（平成12）年に販売が開始された。

こしいぶきの生産高は，2017（平成29）年産うるち米（醸造用米，もち米を除く）の品種別作付割合の11位に位置し，全国の作付割合の1.4％を占めるまでにいたっており，新潟県産米の早生品種を牽引するブランド米に成長している（米穀安定供給確保支援機構［2018］，p.2）。

よって，「早生のこしいぶき」，「中生のコシヒカリ」に加えて良食味で高温耐性が強い「晩生の新之助」の市場投入をもって，新潟県はブランド米の生産・出荷の時期に幅をもたせた流通体制を築き生産リスクの分散を図っている。

(2) 農家経営安定

新潟県では「30年以降の米政策検討会議[7]」を設置して2018（平成30）年以降の米政策の見直しに向け，新潟米の基本戦略について議論している。同会議の基本的な考え方として「需要に応じた米生産を基本としつつ，主食用米・非主食用米を合わせた米全体での需要拡大と，生産者所得の最大化のための多様な米づくりを推進」する旨の基本戦略が提案されたところ，「コシヒカリは需要に見合った生産量とすべき」などの意見が出されたものの，概ねの合意が得られている（新潟県［2016B］，p.13）。

基本戦略においては，「コシヒカリは家庭内消費が中心であり，その需要の減少に見合った生産を行う一方で，良食味・高品質米を確保するため，食味を重視した米づくりを徹底する。なお，中山間地域等においては立地条件を活かし，付加価値の高い米づくりを進める（「新潟米」情報センター）」とし，ブランド米の価格安定と付加価値の高いプレミアム米の棲み分けを示している。

一方で，「業務用米や加工用米・輸出用米・米粉用米は，県内をはじめ国内外の外食・食品産業等との関係を構築し需要の拡大を図るとともに，生産者の所得確保に向け多収穫生産やコスト低減を推進する（同上）」とし，外食・中食用市場に目を向けて，業務用米の水稲栽培を奨励して農家経営の安定を図っている。

第3節　新作米の流通戦略と今後の展望

1　新之助投入の背景

　全国各道府県から新品種や独自ブランドが続々と登場し，さながら「ブランド米百花繚乱」の様相を呈している。

　各ブランド米は高価格帯のみをコンセプトとするわけではなく，現在は，新品種の導入により自県産米全体の評価向上と有利販売にいかに繋げるかに焦点が移っている（食料問題研究所［2018A］, pp. 4-5）。同時に，各道府県はブランド化だけでなく需要に応じた適正な品種構成や，単価だけでなく面積あたりの収入確保の取り組みもはじめている（同上書, pp. 4-5）。

　この点は，新潟県においても同様の取り組みがなされているところは前々節，前節で俯瞰したとおりである。

(1)　高価格路線

　高価格米の成功ケースの好例である山形県「つや姫」は，28年産から29年産前半において生産高1万トン以上の道府県銘柄の中で，玄米価格，精米価格ともに全国最高価格を継続している（同上書, pp. 14-15）。同様に，北海道産「ゆめぴりか」においてもデビュー時から新潟県産コシヒカリを超える価格で人気を博している（同上書, pp. 16-17）。つや姫が4万トン超，ゆめぴりかが6万トンと両銘柄をあわせて10万トン超の市場規模を形成している（同上書, pp. 4-16）。ともに，その好調ぶりがうかがえるが，収穫量を尺度に比較するならば，2016（平成28）年の新潟県産コシヒカリの33万トン（推計）の3分の1に満たず，決して市場を席巻するには至っていない[8]。

　よって，後発の産地銘柄が高価格帯を狙う場合は，高価格帯の市場が小さいがゆえに生産量を抑制しながら流通価格を維持する必要がある。

　かたや，極良食味新品種を新潟県産コシヒカリに準ずる価格帯で市場投入した場合，購入層は大幅に増加し固定客は離れない（同上書, pp. 4-16）。

すなわち，新之助は価格帯別のセグメントが形成される中で「新潟県産」という「のれん（goodwill）」を付加しているために市場で優位性を発揮するものと推察される。

(2) 業務用向け多収米

米消費量が毎年8万トン程度減少する一方で，外食・中食などの業務用需要が増えており，消費量の3割強を占めている（食料問題研究所［2018B］, p.55）。農家は価格が比較的高い家庭用米を作りたい意向があり，ミスマッチが生じている（同上）。しかし，特定の顧客との契約にもとづく業務用の契約栽培は市況の変化による価格変動に左右されないため安定収入を得られるメリットがある（同上）。また，価格こそ高値で出荷できないが，多収性が高いため同一作付面積でも収入の増が見込める。

中食・外食産業から，旨くて安い国産米のニーズが強くあり，新潟県に対してもコシヒカリより安くて美味しいお米を求める声が多く，県ではこうしたニーズに応えるために収量の多い業務用米の生産を強く推奨している（日経BP［2017］）。つまり，「コシヒカリ」と「新之助」がハイグレード米としてツートップを形成し，次のランクに「こしいぶき」「ゆきん子舞」を配すというようにブランド体系を構成し，食味を損なわない多収米を中食・外食向けに業務用米とする生産体制の構築が目論まれているものと解釈できる。

比較対象として新潟県と同じ北陸農政局管内の富山県，石川県，福井県のブランド新品種に関する動向を確認しよう。

福井は「いちほまれ（平成30年デビュー）」を「コシヒカリを超える米」に位置づけるとともに，業務用で評価の高い「あきさかり」の拡大を推進する（食料問題研究所［2018B］, p.56）。石川では良食味多収の「ひゃくまん穀（平成29年デビュー）」を「コシヒカリに準ずる価格帯」に設定し市販用とともに「良食味業務用」にも供給し「農家所得の確保」を目指す（同上）。富山は「富富富（平成30年デビュー）」を含めて需要に対応した契約栽培の対応を強化する（同上）。

このことから，新之助と同時期にデビューする北陸3県のブランド新品種の

生産・流通は，富山，石川では良食味多収と併用し，福井は新之助と同じくブランド米と多収米を棲み分ける戦略を立てているようにうかがえる。

2018（平成30）年産の見込み生産量は，いちほまれが3千トン，ひゃくまん穀が3千7百トン，富富富が2千5百トンの見込みである（同上）。ブランド米に特化する新之助の2017（平成29）年産の6千トン（当初見込み1万トン）と比較して生産見込高が50％前後と規模が小さい。あきらかに，新之助のスケールメリットは自明である。

2　今後の展望

ここまでの論考から，新之助に期待される役割は次に要約されよう。
(1)　本来の役割であろう，新潟県産プレミアム米としての役割
(2)　晩成種として，早生・中生品種と収穫時期をずらし生産リスク回避
(3)　コシヒカリの弱点である高温，いもち病に強い品種
(4)　多収米生産による農家経営の安定と並行して育む成長投資政策銘柄

このように整理すると，新潟県の米生産には，トップ・ブランドに君臨しながらも高温に弱いとされるコシヒカリに依存するがゆえに強みと弱みが表裏一体の関係にある背景があきらかになる。この課題を克服すべく役割が新之助に課されているものととらえても検討違いではなかろう。

もとより，未来永劫にわたり新潟県産ブランド米の地位が盤石であるとは考え難い。

現時点では，新之助がコシヒカリと双璧をなす新潟県産ブランド米のツートップの一翼としての役割を果しながら，全国的な認知度の向上と市場拡大につとめるだけの余裕はあろう。それは，新潟県がブランド米のリーダーであるからこそ持ち合わせる優位性を理由とする。

未来のトップ・ブランドとして新之助を育てながら，業務用に向けた多収米の栽培も奨励して農家の経営リスクを回避する戦略は当を得ていると考えられる。

しかし，潜在する課題も残る。たとえば，新之助がターゲットとするセグメントがどこにあるのか，新之助の市場が成長するにつれ，コシヒカリとのカニバリゼーションを如何にして回避するのかなど，基本的な課題の解決が普及促進の鍵を握ろう。

　市場のパイは限られている。とりわけ，米消費の減少に歯止めがかからぬ事実はいわずもがなである。その理由は単に，日本人の生活がごはん離れしているという構図のみではなく，少子高齢化，核家族化の進行など社会構造の変化に起因する。

　現在でこそ，おいしい米の象徴的な存在として不動の地位にある新潟県産コシヒカリであるが，昭和初期には「鳥も食べずにまたぐ"鳥またぎ米"」と酷評された時代もある（新潟県［2018E］「新潟の米，日本の米」）。新潟県には，幾多の辛酸を舐め，幾重の苦難を乗り越えて「新潟米」を確固たるブランドとして残した先人先達の歴史がある。

　新之助デビューの表現は，「満を持して」という慣用句よりも，むしろ「周到に練られた新潟の米戦略の橋頭堡」という文脈で繋げると座りがよいかもしれない。

　新潟米の未来を担う「新之助」がどのように成長するのか，今後の展開を興味深く見守りたい。

（注）

1) 北陸農政局「2017」の公表数値による。
2) コシヒカリは，「コシヒカリ」と「コシヒカリBL」の2系統がある。
　　本章では，両者を「コシヒカリ」に統一して議論を進める。
　　「コシヒカリBL」は，従来のコシヒカリ農薬使用量を減らした栽培が可能で，新潟県では，平成17年から一斉導入し，安全・安心な米作りが定着している。「コシヒカリBL」とは，コシヒカリといもち病に強い品種を交配し，その子供に更にコシヒカリを繰り返して交配する「連続戻し交配法」を採用し，いもち病に強い性質をもったコシヒカリである（JA全農新潟「コシヒカリ」）。
3) 新潟県は良食味品種の開発手法として，選抜の初期段階から味度値や炊飯光沢による選抜を行っており，新之助の開発にもこの手法が用いられた（重山博信［2018］，pp. 63-64）。晩生品種選定の最終段階では，県下14カ所で奨決現地調査を実施して

食味試験を行い，地域ごと評価を確認した（同上）。また，日本穀物検定協会，大学，民間研究所のみならず，米穀店や料亭など実需者の食味試験や食味関連特性の評価も取り入れられている（同上）。
4) 農業において，食品安全，環境保全，労働安全等の持続可能性を確保するための生産工程管理の取組。これをわが国の多くの農業者や産地が取り入れることにより，結果として持続可能性の確保，競争力の強化，品質の向上，農業経営の改善や効率化に資するとともに，消費者や実需者の信頼の確保が期待される（農林水産省「農業生産工程管理（GAP）とは」）。
5) 新之助Webサイト［2018D］（「生産者一覧」）と新潟県［2018］（「研究会登録一覧」）の比較により算出した。
6) このため，「新潟県や富山県では，最近，梅雨明け直後の異常高温期に水稲の出穂期が重なり，高温障害が誘発されるため，これを回避する観点から，遅植栽培（ゴールデン・ウィークに集中する田植作業を5月中旬頃まで遅延・分散化させる）が推進されている。」という工夫により被害の回避策を講じている。ただし，「対策の推進以降，顕著な高温に遭遇した異常年が無かったこともあり，遅植栽培の推進が1等米比率の改善につながっているか，検証は不十分なものとなっている。（農林水産省2006）」

「登熟障害」については，たとえば森田敏［2008］などを参照。
7) 新潟県では平成28年12月に米政策の見直しに向け，新潟米の基本戦略等について県全体の方向性の共有を図るため，農業者をはじめ県内の関係機関・団体によって構成された「30年以降の米政策検討会議」を設置し，新潟米の米生産の方向性や具体的な対応等について検討している。同会議は，新潟県，新潟市，長岡市，南魚沼市，農業会議，JA新潟中央会，JA全農にいがた，JAにいがた岩船，JAにいがた南蒲，JAえちご上越，JA佐渡，主食集荷商業協同組合，農業者団体（指導農業士会，農業法人協会，稲作経営者会議，農業生産組織連絡協議会，認定農業者会の自治体・団体で構成されており，全県レベルで方向性の共有を図っている。
8) （「新潟米」情報センター，p.4）より取捨した。

（参考文献・Webサイト）

(1) 重山博信［2018］「新潟県における水稲品種開発と晩生新品種「新之助」の育成」『北陸作物学会報』53巻。
(2) 食料問題研究所［2018A］『日本が誇る米のブランド2017』。
(3) 食料問題研究所［2018B］『食糧ジャーナル』Vol 43.No.1。
(4) 森田敏［2008］「イネの高温登熟障害の克服に向けて」『日本作物學會紀事』77巻1号，日本作物学会。
(5) 米穀安定供給確保支援機構［2018］「平成29年産 水稲の品種別作付動向について」
http://www.komenet.jp/pdf/H29sakutuke.pdf （閲覧日：2018年6月17日）。
(6) JA全農新潟「コシヒカリ」

http://www.nt.zennoh.or.jp/eat/koshihikari/index.html（閲覧日：2018年6月30日）。
(7)　新之助Webサイト［2018A］「関連商品・フェア」
　　http://shinnosuke.niigata.jp/shop.html（閲覧日：2018年6月23日）。
(8)　新之助Webサイト［2018B］「生産・流通体制」
　　http://shinnosuke.niigata.jp/system.html（閲覧日：2018年6月23日）。
(9)　新之助Webサイト［2018C］「デザインマニュアル」
　　http://shinnosuke.niigata.jp/pdf/design_manual_20180208.pdf（閲覧日：2018年6月23日）。
(10)　新之助Webサイト［2018D］「生産者一覧」
　　http://shinnosuke.niigata.jp/produce.html（閲覧日：2018年6月23日）。
(11)　新之助Webサイト［2018E］「新潟の米，日本の米」
　　http://shinnosuke.niigata.jp/rice.html（閲覧日：2018年6月23日）。
(12)　新潟県［2012］「コシヒカリのエピソード③　～新潟県・全国への定着～」
　　http://www.pref.niigata.lg.jp/nosanengei/1342040438263.html（観覧日：2018年6月30日）。
(13)　新潟県［2016A］「新潟県のお米の品種」
　　http://www.pref.niigata.lg.jp/nosanengei/1249934679136.html（閲覧日：2018年6月30日）。
(14)　新潟県［2016B］「特集1　平成30年以降の米政策への対応について」
　　http://www.pref.niigata.lg.jp/HTML_Article/354/607/06_tokusyu1.pdf（閲覧日：2018年6月30日）。
(15)　新潟県［2016C］「特集2　新潟の新しい米「新之助」のデビューに向けて」
　　http://www.pref.niigata.lg.jp/HTML_Article/206/706/tokusyuu%202.pdf（閲覧日：2018年6月30日）。
(16)　新潟県［2018］「研究会登録一覧」
　　http://www.pref.niigata.lg.jp/HTML_Simple/327/300/160217_kenkyukai.pdf（閲覧日：2018年6月23日）。
(17)　新潟県農業総合研究所作物研究センター［2017］「新潟県良食味で高温耐性が強い水稲晩生新品種『新之助』」
　　https://www.ari.pref.niigata.jp/sakumotsu/seika/2807shinnosuke/index.html（閲覧日：2018年6月17日）。
(18)　「新潟米」情報センター「資料2　30年以降の新潟米生産の方向性（新潟米基本戦略）について」
　　https://www.niigatamai.info/files/elfinder/seisaku_beikoku/%E3%80%90%E8%B3%87%E6%96%992%E3%80%9130%E5%B9%B4%E4%BB%A5%E9%99%8D%E3%81%AE%E6%96%B0%E6%BD%9F%E7%B1%B3%E3%81%AE%E6%96%B9%E5%90%91%E6%80%A7%E3%81%AB%E3%81%A4%E3%81%84%E3%81%A6.pdf（閲覧日：2018年6月18日）。

⑲　日経BP［2017］「新ブランド米「新之助」が今秋，本格デビュー」『未来開墾ビジネスファーム』

　　https://special.nikkeibp.co.jp/NBO/businessfarm/bizseed/07/（閲覧日：2018年6月17日）。

⑳　農林水産省「農業生産工程管理（GAP）とは」
http://www.maff.go.jp/j/seisan/gizyutu/gap/g_summary/（閲覧日：2018年6月17日）。

㉑　農林水産省［2006］『水稲の高温障害の克服に向けて（高温障害対策レポート）』
　　http://www.maff.go.jp/j/kanbo/kihyo 03/gityo/g_kiko_hendo/suito_kouon/pdf/report.pdf（閲覧日：2018年6月17日）。

㉒　農林水産省［2017A］『平成の米　新潟』北陸農政局統計部
　　http://www.maff.go.jp/hokuriku/stat/data/heiseikome/attach/pdf/niigata-5.pdf（閲覧日：2018年6月17日）。

㉓　農林水産省［2017B］「平成29年産米の相対取引価格・数量（平成29年9月）（速報）」
　　http://www.maff.go.jp/j/press/seisaku_tokatu/kikaku/attach/pdf/171013-1.pdf（閲覧日：2018年6月17日）。

㉔　農林水産省［2018］「米をめぐる関係資料」
　　http://www.maff.go.jp/j/seisan/kikaku/attach/pdf/kome_siryou-142.pdf（閲覧日：2018年6月17日）。

㉕　北陸農政局「2017」「平成29年産水陸稲の収穫量（北陸）」『農林水産統計』2017年12月5日統計部公表
　　http://www.maff.go.jp/hokuriku/stat/data/attach/pdf/29_12_05_kome-1.pdf（閲覧日：2018年6月17日）。

おわりに

　本書は，近年見直されつつある，地域産業と地方創生とその位置づけについて，経営戦略論のみならず，流通・マーケティング論などあらゆる角度から論じたものとなっている。その目的は，地方産業や地方都市に対して，「どのようにしたら地域産業を元気に回復できるのか？」，「成功するビジネスモデルはどのような仕組みにあるのか」を示すことにある。

　流通論を専門とする筆者の視点からみると，近年の地域産業の位置づけは，次のように考える。地方産業は，生産・物流コスト問題やグローバル化による工場の海外移転などから，その継続に関して非常に厳しい局面にある。さらに詳細にみると，地域産業の危機は，①規制緩和等による，大規模メーカーなどとの生き残り競争による倒産や縮小，廃業，②地方都市の人口減少や観光業の衰退，③消費者の低価格志向などによる売り上げの減少，④後継者不足などがあげられる。本書が刊行されるこの時期は，このような逆風のなかで，インバウンドや企業の業績回復などに伴い，景気そのものは回復基調にある。本書で示された企業は，すべて継続が厳しい状況下において地域の良さを活かしながら，大企業では到底達成しえない独自性や高い品質・性能を有しており，消費者の購買意欲を向上させる魅力を持っている。以上の点から考察しても，地方創生の成功を収める鍵は，他にはないいわゆる"オリジナリティ（独創性）"にあるといえる。

　この著書は，経営学の視点でとらえた「中小企業の活性化と地域創生」に関する学術研究の集成である。本書を契機に今後，各分野から地域創生における中小企業の研究が多方面でなされることを期待する。

2018年10月吉日

編著者　種市　豊

索　引

【あ行】

会津桐下駄 …………………… 49, 57, 58
安全カミソリ ………………………… 9, 12, 13
いちほまれ ……………………………… 157
医療用刃物 ……………………………… 11, 13
愛媛県柑橘 …………………………… 131, 139
OEM ……………………………………… 107
岡山県 …………………………………… 99

【か行】

技能伝承 ………………………………… 66
競争優位化戦略 ………………………… 109
共通性 …………………………………… 68
桐下駄 …………………………………… 49
経営革新 ……………………………… 27, 28
経験価値 ………………………………… 31
鶏肉 ……………………………………… 117
鶏卵 ……………………………………… 116
健康志向 ………………………………… 50
交換価値 ………………………………… 141
後継者不足 …………………………… 4, 8
こしいぶき ……………………………… 154
コシヒカリ（こしひかり）……… 147, 154

【さ行】

酒蔵 ………………………………… 82, 84
産業クラスター ………………………… 67
産直商品 ………………………………… 120
自県出荷清酒 …………………………… 83
地酒 ……………………………………… 81

地場産業 ………………………………… 67
酒造好適米 ……………………………… 82
職人 ……………………………………… 34
飼料米 …………………………………… 113
新之助（しんのすけ）………… 147, 148
垂直的流通システム …………………… 102
製造工程 ………………………………… 52
関の刃物 ……………………………… 3, 4
関刃物産地の構造 ……………………… 8
全農えひめ …………………………… 141, 142
相互作用 ………………………………… 70

【た行】

玉切り …………………………………… 53
地域農業 ………………………………… 128
地域ブランド …………………………… 61
畜産 ………………………………… 114, 115
地産地消 ………………………………… 127
知識創造 ………………………………… 45
地方創生 ………………………………… 133
彫刻刀 ……………………………… 17, 18
鎚起銅器 ……………………………… 29, 32
通信販売 ………………………………… 143
伝統工芸 ………………………………… 32
伝統産業 ………………………………… 27
栃木県 …………………………………… 59
ドン・キホーテ ………………………… 51

【な行】

日常生活品 ……………………………… 51
農機小売店 ……………………………… 108

【は行】

- 農業機械 …………………………… 97
- ハサミ ………………………… 18, 19, 20
- 刃物の製品区分別の出荷額 …………… 5
- 刃物の製品区分別のマーケットシェア 6, 7
- 刃物の製品区分別の輸出額 …………… 5
- 範囲の経済 ………………………… 68
- ひゃくまん穀（ひゃくまんごく）……… 157
- 平昌オリンピック ………………… 49
- 品位 ………………………………… 56
- 福島県三島町 ………………… 57, 58
- 富富富（ふふふ）………………… 157
- ブランド戦略 ………………… 141, 142
- ブランド化 ………………………… 124
- ブランド米（ぶらんどまい）…… 147

【や行】

- 包丁 ………………………… 15, 16
- 補完性 ……………………………… 68
- 山口県 …………………………… 113
- 結城 ………………………… 57, 59
- ゆきん子舞（ゆきんこまい）…… 157
- 養鶏業 ………………… 114, 124

【ら行】

- 流通改革 ………………………… 33
- 流通戦略 ……………………… 141
- 流通チャネル …………………… 101

【わ行】

- 輪積み …………………………… 53

執筆者紹介 （執筆順）

西田　安慶（にしだ　やすよし）　　　　　　　　　　第1章
編著者紹介参照。

丸山　一芳（まるやま　かずよし）　　　　　　　　　第2章
東海学園大学経営学部　准教授
主要著書・論文
「伝統産業におけるイノベーションを起こす企業家精神―日本酒における塩川酒造の事例研究―」『関西ベンチャー学会誌』（第9巻，関西ベンチャー学会，2017年）
「地方創生と企業家精神―新潟地域における企業家と企業家教育―」『リアルオプションと戦略』（第8巻第1号，日本リアルオプション学会，2016年）
「組織的知識創造とミドルマネジャーの認識―キヤノン・アルビレックス新潟の事例研究―」『Works review』（第3巻，株式会社リクルート　ワークス研究所，2008年）

片上　洋（かたかみ　ひろし）　　　　　　　　　　　第3章
編著者紹介参照。

日向　浩幸（ひむかい　ひろゆき）　　　　　　　　　第4章
羽衣国際大学現代社会学部　准教授
主要著書・論文
「伝統産業における「匠の技」の伝承と企業戦略」『政策情報学会誌』（第10巻第1号，政策情報学会，2016年）
「病院組織の内部統制を考える」『産業経済研究』（第16号，日本産業経済学会，2016年）
「理念とイノベーションの競争優位に関する研究」『産業経済研究』（第15号，日本産業経済学会，2015年）

清水　真（しみず　まこと）　　　　　　　　　　　　第5章
中部大学経営情報学部経営総合学科　教授
主要著書・論文
『中小企業マーケティングの構図』（共著）（同文館出版，2016年）
『マーケティングと消費者』（共著）（慶應義塾大学出版会，2012年）
「コミュニティ・ビジネスにおける持続性に関する課題」『企業経営研究』（第18号，日本企業経営学会，2015年）

中嶋　嘉孝（なかしま　よしたか）　　　　　　　　　　　第6章
拓殖大学商学部経営学科　准教授
主要著書・論文
『家電流通の構造変化－メーカーから家電量販店へのパワーシフト－』（専修大学出版局，2008年）
『地域産業の経営戦略－地域再生ビジョン－』（共著）（税務経理協会，2016年）
『北陸に学ぶマーケティング』（共著）（五絃舎，2017年）
『1からの流通システム』（共著）（碩学舎，2018年）

種市　　豊（たねいち　ゆたか）　　　　　　　　　　　　第7章
編著者紹介参照。

橋本　芙奈（はしもと　ふうな）　　　　　　　　　　　　第7章
山口大学大学院創成科学研究科農学系専攻　修士課程

成田　景堯（なりた　ひろあき）　　　　　　　　　　　　第8章
松山大学経営学部　准教授
主要著書・論文
『京都に学ぶマーケティング』（編著）（五絃舎出版，2014年）
「マクロマーケティング研究の特徴と類型」『明大商学論叢』（第96巻第1号，明治大学商学研究所，2013年）
「小売業国際化の第一歩」『流通ネットワーキング』（第294号，日本工業出版，2016年）

藪下　保弘（やぶした　やすひろ）　　　　　　　　　　　第9章
新潟経営大学観光経営学部　教授
主要著書・論文
『北陸に学ぶマーケティング』（共著）（五絃社，2017年）
『地域産業の経営戦略－地域再生ビジョン－』（共著）（税務経理協会，2016年）
「新潟県の地域おこし協力隊制度の現状と課題」『地域活性化ジャーナル』（共著）（第24号，新潟経営大学地域活性化研究所，2016年）

《編著者紹介》

西田　安慶（にしだ　やすよし）
東海学園大学名誉教授，日本企業経営学会会長，日本中小企業学会会員。経営関連学会協議会評議員（元筆頭副理事長）。滋賀大学経済学部卒業。東海学園大学経営学部教授・同大学大学院経営学研究科教授を経て，中部学院大学経営学部長・教授，同大学大学院人間福祉学研究科兼担教授を歴任。学会活動として日本学術会議商学研連委員，日本産業経済学会会長，日本消費者教育学会副会長等を歴任。社会活動として，名古屋市中央卸売市場運営協議会会長，名古屋市消費生活審議会会長代理，愛知県みよし市総合計画審議会委員，滋賀県彦根地域商業近代化委員会委員等を歴任。

主　著
『現代マーケティング論』（単著）弘文社，1994年。『現代日本の産業別マーケティング』（共著）ナカニシヤ出版，1994年。『最新商学総論』（共著）中央経済社，1995年。『現代商学』（共編著）税務経理協会，2003年。『流通・マーケティング』（共著）慶應義塾大学出版会，2005年。『消費生活思想の展開』（共著，編集委員長）税務経理協会，2005年。『新現代マーケティング論』（単著）弘文社，2006年。『環境と消費者』（共著）慶應義塾大学出版会，2010年。『マーケティング戦略編』（共編著）学文社，2011年。『地域産業の振興と経済発展』（共編著）三学出版，2014年。『地域産業の経営戦略』（共編著）税務経理協会，2016年。

片上　洋（かたかみ　ひろし）
新潟経営大学教授，日本企業経営学会理事長（現在顧問）。大阪経済大学大学院博士課程単位取得満期退学。韓国東亜大学校経営大学院博士課程修了（経営学博士）。安芸女子大学教授を経て現職。学会活動としてEast Eurasia Inter-regional Conference会長（現在名誉会長），日本企業経営学会副会長，日本産業経済学会会長，経営関連学会協議会理事長補佐を歴任。

主　著
『商品形成循環と現在マーケティング論』（単著）法政出版，1992年。『現在マーケティング－情報化時代の展望－』（単著）同文館出版，1997年。『小売業マーケティング－これからの商業経営－』（単著）法政出版，1998年。『現代商品形成論』（単著）三学出版，1999年。『マーケティング戦略の新展開』（編著）三学出版，2001年。『地域産業と振興と経済発展』（共編著）三学出版，2014年。『地域産業の経営戦略』（共編著）税務経理協会，2016年。

種市　　豊（たねいち　ゆたか）
山口大学大学院創成科学研究科農学系学域（農学部　生物資源環境科学科）准教授。
社団法人　農協流通研究所，東大阪大学を経て現職。日本企業経営学会常任理事。
地域農林経済学会理事。宇部フロンティア大学短期大学部非常勤講師。名城大学農学部非常勤講師。
社会活動として，山口市食料・農業・農村振興プラン策定委員会会長，山口県農業会議所委員等を歴任。

主要著書・論文
『加工・業務用青果物における生産と流通の展開と展望（日本農業市場学会研究叢書16）』（共編著）筑波書房，2017年。
「地域協同型食品産業の展開とその可能性－山口県秋川牧園をケーススタディーとして－」『消費経済研究』（第7号，日本消費経済学会，2018年）
「果実輸出における輸送方法の選択に関する一考察－白桃輸出に焦点をあてて－」『流通』（第40号，日本流通学会，2017年）
「果実における通い容器利用に関する一考察－和歌山県産　渋柿における品質保全と流通に着目して－」『消費経済研究』（第5号，日本消費経済学会，2016年）

編著者との契約により検印省略	日本企業経営学会20周年記念
平成30年12月23日　初版第1刷発行	**地域産業の経営革新** －中小企業の活性化と地域創生－

編著者	西田　安慶 片上　　洋 種市　　豊
発行者	大坪　克行
製版所	税経印刷株式会社
印刷所	有限会社山吹印刷所
製本所	牧製本印刷株式会社

発行所　〒161-0033　東京都新宿区下落合2丁目5番13号　株式会社 税務経理協会

振替　00190-2-187408
FAX　(03)3565-3391
電話　(03)3953-3301（編集部）
　　　(03)3953-3325（営業部）
URL　http://www.zeikei.co.jp/
乱丁・落丁の場合は、お取替えいたします。

© 西田安慶・片上　洋・種市　豊 2018　　　Printed in Japan

本書の無断複写は著作権法上での例外を除き禁じられています。複写される場合は、そのつど事前に、(社)出版者著作権管理機構（電話 03-3513-6969、FAX 03-3513-6979、e-mail : info@jcopy.or.jp）の許諾を得てください。

JCOPY　＜(社)出版者著作権管理機構　委託出版物＞

ISBN978-4-419-06580-5　C3034